高校英语教学策略与学习方法探究

刘婷婷　马晓玲　张桂华 ◎著

吉林出版集团股份有限公司
全国百佳图书出版单位

图书在版编目（CIP）数据

高校英语教学策略与学习方法探究 / 刘婷婷, 马晓玲, 张桂华著. -- 长春：吉林出版集团股份有限公司, 2023.6

ISBN 978-7-5731-3500-1

Ⅰ.①高… Ⅱ.①刘… ②马… ③张… Ⅲ.①英语-教学研究-高等学校 Ⅳ.①H319.3

中国国家版本馆CIP数据核字(2023)第141584号

GAOXIAO YINGYU JIAOXUE CELÜE YU XUEXI FANGFA TANJIU

高校英语教学策略与学习方法探究

著　　者 /	刘婷婷　马晓玲　张桂华
责任编辑 /	金方建
开　　本 /	787 mm×1092 mm　1/16
印　　张 /	11.75
字　　数 /	200千字
版　　次 /	2024年7月第1版
印　　次 /	2024年7月第1次印刷
出　　版 /	吉林出版集团股份有限公司
发　　行 /	吉林音像出版社有限责任公司
	（吉林省长春市南关区福祉大路5788号）
电　　话 /	0431-81629679
印　　刷 /	吉林省信诚印刷有限公司

ISBN 978-7-5731-3500-1　　　定价　58.00元

如发现印装质量问题，影响阅读，请与出版社联系调换。

前　言

随着我国教育的发展，英语教学越来越倾向于应用型和技能型人才的培养。英语是国际通用的语言，是开展国际交往的重要工具。因此，英语教学应立足于教学实践，对教学的内容进行改善，为学生提供语言学习的环境，因材施教，改革传统的教学模式，从而提高英语教学的有效性。英语教师要注重教学内容的基础性，突出职业性，形成师生之间、生生之间多样化的良性互动，充分运用有效教学的策略，以推动英语教学的长足发展。

《高校英语教学策略与学习方法探究》一书，在内容编排上共设置六章：第一章作为本书论述的基础和前提，主要阐述了高校英语教学的目标与现状、高校英语教学的要素与特征、高校英语教学的核心体系、传统学习方法对英语教学启示；第二章介绍了高校英语的听力教学、口语教学、阅读教学、写作教学与翻译教学；第三章分析了高校英语的翻转课堂教学模式、高校英语的移动教学模式设计、高校英语的慕课教学模式构建、高校英语的微课教学模式创新；第四章探讨了高校英语有效教学体系、"具身认知"下的英语有效教学、高校英语有效教学方法与策略、高校英语课堂有效教学的优化；第五章突出实践性，围绕高校英语的合作学习方法、高校英语的自主学习方法、高校英语的智慧学习方法、高校英语的反思性学习方法进行研究；第六章研究移动互联网时代下的英语学习方法、依据叙事法学习高职英语词汇的实践、高职英语学习效果记忆测评方法应用、基于移动终端的英语混合式学习方法。

本书在撰写过程中，吸收和借鉴了很多专家学者的研究成果，在此表示诚挚的谢意。由于笔者水平有限，书中所涉及的内容难免会有不足，恳请读者和专家批注指正，使之更加完善。

刘婷婷　马晓玲　张桂华
2023 年 3 月

目 录

第一章 高校英语教学的学习理论审视 …………………………… 1
    第一节 高校英语教学的目标与现状 ………………………… 1
    第二节 高校英语教学的要素与特征 ………………………… 4
    第三节 高校英语教学的核心体系 …………………………… 7
    第四节 传统学习方法对英语教学启示 ……………………… 9

第二章 高校英语教学的具体内容分析 …………………………… 12
    第一节 高校英语的听力教学 ………………………………… 12
    第二节 高校英语的口语教学 ………………………………… 21
    第三节 高校英语的阅读教学 ………………………………… 31
    第四节 高校英语的写作教学 ………………………………… 41
    第五节 高校英语的翻译教学 ………………………………… 55

第三章 高校英语教学模式的创新设计 …………………………… 66
    第一节 高校英语的翻转课堂教学模式 ……………………… 66
    第二节 高校英语的移动教学模式设计 ……………………… 71
    第三节 高校英语的慕课教学模式构建 ……………………… 89
    第四节 高校英语的微课教学模式创新 ……………………… 109

第四章 高校英语有效教学的策略探究 …………………………… 124
    第一节 高校英语有效教学体系解读 ………………………… 124
    第二节 "具身认知"下的英语有效教学 …………………… 131
    第三节 高校英语有效教学方法与策略 ……………………… 133
    第四节 高校英语课堂有效教学的优化 ……………………… 140

第五章 高校英语学习方法的具体内容……147

第一节 高校英语的合作学习方法……147
第二节 高校英语的自主学习方法……150
第三节 高校英语的智慧学习方法……159
第四节 高校英语的反思性学习方法……162

第六章 高校英语学习方法的应用探究……166

第一节 移动互联网时代下的英语学习方法……166
第二节 依据叙事法学习高校英语词汇的实践……167
第三节 高校英语学习效果记忆测评方法应用……171
第四节 基于移动终端的英语混合式学习方法……175

参考文献……178

第一章 高校英语教学的学习理论审视

第一节 高校英语教学的目标与现状

一、高校英语教学目标

随着国际化的不断深入，英语作为一门国际性的语言，对于学生走向社会、拓宽眼界等发挥着重要的作用。面对越来越多的中国公司走向世界、跨国公司打入中国市场，中国的就业市场对于求职者的英语水平要求日渐提高。在经济全球化的今天，英语已经不再被看作只是一门应试教育的课程，其作为语言的工具性逐渐被教师和学生所重视。

（一）教学目标的设定

长期以来，教师进行英语教学的方法都是讲解课本上的内容，以语法、以句子和单词的讲解为主，学生缺乏学习的自主性。而且由于教师过多注重分析句式，忽略对文章的语境讲解，部分学生可能因为单词不会，逐渐丧失对文章的理解能力，述而失去对于整个英语阅读的兴趣。但是在很多情况下，个别单词的不理解，并不会影响到对文章大意的把握，造成这种情况的原因更多的是学生对于英语的学习积极性没有被调动起来，没有将自己置身在一个英语的环境中。

随着教育改革的发展，高校英语教学的目标逐渐变为以实用为主，以应用为目的，为培养生产、技术、服务、管理等方面的复合型人才服务。高校英语教学的目的，是使学生能够在未来的工作岗位上能够熟练地使用英语完工作。这就要求，在英语教学过程中，学生应该有意识地运用英语交流。

（二）教学目标的原则

高校英语教学的基本原则需要包含语言学科的特点，还要符合学生学习的心理特征，掌握英语教学的具体原则，可以更好地实现英语教学目标，使、教学质量得到较高的保证。

1. 以人为本原则

以人为本原则就是在教学的过程当中，学生是教学的主体，根据每一个学生的不同情况制订不同的教学计划。学生的不同情况包括：学生的学习目标，学生的学习习惯、学生的学习兴趣、学生的学习困难等。教师这么做的目的是让学生克服学习的畏难情绪，积极学习知识，从而形成良性循环。

2. 交际性原则

交际性原则与英语教学的最终目标相一致，是高校英语教学的重要教育原则之一，交际性原则下的英语教学应注意以下两个方面。

（1）重视使用交际工具

高校英语的教学是为了让学生在国际交流中将英语作为交际工具，沟通的目的。因此，高校英语教学应该以沟通为最终目的，以学生为教学中心，将英语教学带入生活情境。此外，课堂的教学也不能只停留在课本，应该让学生了解英语学习的重要性，找到学生的兴趣点，让学生主动学习英语，快乐学习英语。

除教学方法之外，教师的个人能力也应该不断提升，除了在教学课堂当中，还应该多设立英语教学活动，在活动当中学习，在活动当中交流。在这个过程当中，不仅能提高学生学习兴趣，也能提高教师能力英语课堂作为学生主要的英语交流环境，在课堂的交流中需要教师引导，但是学生在课堂上的时间毕竟是少数，只有将英语的交流延伸到课下的情境当中，语言才能具有自己的生命力，因此教师应该鼓励学生在课下互相交流，用英语对话，给彼此创造学习环境。

（2）重视语言语境的影响

在传统的英语教学当中，教师更多的是教给学生读写的能力，对于说这方面的要求几乎是空白的。但是这对于现如今的社会环境而言，这种教学模式是本末倒置的，英语学习的最初目的就是沟通，所以如今的高校英语教学应该更加偏向让学生把英语"说"出来，这样才能够达到沟通的目的。语境对学生的交际能力有很大的影响，教师应该注意在课堂创造良好的语境。在不同情境下，可以让学生扮演不同的角色来进行英语对话，这样的练习对学生的语言水平有很大的帮助，还能增进师生之间的交流。

3. 兴趣原则

在英语教学过程中，兴趣是让学生高效率学习的内驱力。学生对于未知的领域就是抱有一种好奇心，教师应该充分利用他们的好奇心，引导他们以积极的态度探索英语学习领域，增强学生对于英语学习的兴趣。以兴趣原则为指导的英语教学活动，可以从以下了方面入手。

（1）充分了解学生的特点

教师应充分了解学生的特点，每个学生的性格都是不尽相同的，学习因素也有差别，每个学生的个人特点也就不一样。根据每个学生的不同来制订不一样的教学计划，在尊重学生的基础上，让学生自己对英语学习产生兴趣。学生感受到了学习的乐趣之后，对于学习的热情就会高涨，主动学习成了学生的学习状态，学习的效率才会提升。这在英语教学上也是事半功倍的事，教师从灌输转变为引导，学生也可以有更多思考，学习也会更有乐趣。

（2）改变教学方式和评价方式

在原来的高校英语教学方式当中，英语学习更偏向于死记硬背，只要把教师讲的知识点，全部背下，就能应付考试。这种形式的教学在英语学习的初级阶段是有效的，但在后续的教学中效果甚微。在高校英语教学方式进行改革之后，高校英语的学习更多的是让学生掌握英语技能，了解英语语言的内在逻辑，从而为未来的语言交流奠定基础。

（3）对教材进行深度挖掘

教材在教学中发挥着重要作用。教师和学生在课堂上都会以教材为基准，从而进行英语学习的推进。教师应该在课前就提前摸透教材内容，对于教材当中的难点、重点加以把握，尽量规避教材当中枯燥的地方，以学生感兴趣的点作为讲解切入点，引起学生学习兴趣。

二、高校英语教学现状

随着经济全球化、文化多元化的发展，社会对复合型人才的需求越来越多。英语作为世界上应用最广泛的语言之一，其增进交流、促进理解的作用越来越引起重视，具备一定的英语交际能力日益成为现代复合型人才的基本素质。因此，高校必须重视英语教学，探索多种教学方法，激发学生学习与应用英语的兴趣和积极性，锻炼学生的英语实践能力，以更好地适应社会发展的需要。目前，部分高校存在英语教学起步相对较晚的现象，教学与学习皆处于探讨和摸索层面，主要表现在以下四个方面。

（一）教学计划缺少针对性

目前，部分高校英语教师没有明确的知道思想，加之缺少具有针对性的教学计划，导致英语教学面临着严峻考验。多数普通高校、职业院校间的教学目标存在差异，其中普通高校在教学方面注重培养研究型人才，但职业院校更注重培养技能相对成熟的人才。新时期高校发展呈现多样化，然而在英语的课程设计、教学水平上却无特色突出，缺少较强的针对性，多数以效仿方式落实本校教学计划。

（二）英语教学方法不完善

多数学校在落实英语教学中仍用单一的模式，把英语教材作为教学落实的核心内容，语法作为教学内容的重点，照本宣科，忽视了口语在英语教学中的重要地位，教学效果不佳。此教学模式下，英语课堂枯燥乏味，学生在课堂上缺少较多口语应用训练，严重滞后英语在应用中的有利发展，深刻影响了学生应用英语的态度。

（三）师资力量与设备不完善

当前仍有许多高校缺少先进的教学设备，教学设备的落后导致人才培养进度缓慢，影响教学总水平的提升。此外，由于高校教学规模扩大，学生在数量上的剧增令学校难以合理分配师资和完成教学相应任务，且一些教师自身持有的教育观念不尽相同，进而难以顺应新时期高校对英语教学落实的要求。

（四）学生自身词汇量不充足

学生自身储备的词汇量不足一直是英语提升的一大阻碍。很多学生学习英语时，由于词汇量不足，在阅读方面有一定困难，在英语写作中也难以下笔，在口语方面更是"有口难言"。因此，学生缺少足够词汇量，极度遏制了其英语能力的提升。

第二节 高校英语教学的要素与特征

全球化背景下，英语的重要性不言而喻，"大数据对教育产生了深刻的影响，也对传统高校英语教学的基本要素产生极大的冲击"[1]。优秀的英语听说读写能力可以在事业上提供助力，而大学阶段正是一个人获得这种能力的关键时期。高校英语教学是以英语教学理论为指导，以英语语言知识与应用技能、跨文化交际和学习策略为主要内容，并集多种教学模式和教学手段于一体的教学体系。

一、高校英语教学的要素

任何过程或行为都是由若干要素构成的，这些要素决定了该过程或行为发展的可行性。英语教学就是由若干要素构成的一个过程。目前，学术界对英语教学的基本要素说法

---

[1] 林琴琼. 大数据时代的高校英语教学课堂要素[J]. 科教导刊：电子版，2018（25）：2.

众多，归纳起来主要有教学目的、教学内容、教学方法、教学手段、教学环境、教材、教师和学生等。这些要素从不同层面、不同角度对英语教学进行了剖析，对教师开启思路，加深对教学过程的认识和理解有着很大的帮助。在这些要素当中，教师、学生、教学环境和教学方法是基本要素，对英语教学的成败起决定性作用。教师是教学活动的组织者，对学生的学习起引导作用；学生是教学的主体，是受教育的对象；教学环境具有导向功能、凝聚功能，它以自身持有的影响力，潜在地干预学生的过程，教学方法在教学过程中起到了极为重要的作用，教学方法是否合适直接影响教学效果的好坏。目前，随着高校英语教学改革的不断深入，对英语教学方法的研究收获颇丰，效果显著。

二、高校英语教学的特性

高校英语教学与其他学科教学有许多共性，如促进学生身心发展、提高实际应用能力、培养自主学习能力等。但也有诸多个性，主要表现为以下两个方面。

（一）工具性和实用性特征

随着全球化进程的不断推进，英语作为一种国际通用语言，其在高校教育中的地位日益凸显。高校英语教育不仅承载着培养学生跨文化交际能力的重要使命，还深刻影响着学生的未来职业发展。在这个过程中，高校英语的工具性与实用性特征显得尤为重要。

1. 工具性特征

（1）语言交际工具。英语作为一种语言，其最基本的功能便是作为交际工具。在高校教育中，英语的教学不仅仅是语言知识的传授，更是语言交际能力的培养。学生通过学习英语，可以掌握与他人进行有效沟通的技能，进而在跨文化交流中展现自己的能力和魅力。因此，高校英语教育应注重培养学生的听说读写能力，使他们能够熟练运用英语进行日常交流和专业沟通。

（2）信息获取工具。在信息时代，英语已经成为获取国际前沿知识的重要工具。高校学生通过学习英语，可以阅读英文文献、参加国际会议、了解国际动态，从而拓宽视野、增强综合素质。因此，高校英语教育应帮助学生掌握信息检索、筛选和整合的能力，使他们能够利用英语这一工具获取更多的国际信息。

（3）文化理解工具。英语不仅是语言交际和信息获取的工具，还是理解西方文化的桥梁。通过学习英语，学生可以深入了解西方国家的历史、文化、价值观等，从而增强自己的跨文化意识，这有助于学生在全球化背景下更好地适应多元文化环境，提升自己的国际竞争力。因此，高校英语教育应融入文化教育元素，帮助学生建立正确的文化观和价值观。

2. 实用性特征

（1）职业发展需求。在当前社会，具备良好英语能力的人才在求职市场上更具竞争力。许多行业和企业都对应聘者的英语能力有一定要求，尤其是在国际贸易、跨境电商、酒店管理等涉外领域。因此，高校英语教育应紧密结合市场需求，培养学生的英语应用能力，使他们能够更好地适应职业发展需求。

（2）学术研究需求。对于许多高校学子而言，学术研究是他们未来发展的重要方向。在学术研究中，英语作为国际通用语言，具有不可替代的作用。通过英语，学生可以阅读国际前沿文献、参与国际学术交流、发表高水平学术论文。因此，高校英语教育应注重培养学生的学术英语能力，为他们的学术发展奠定坚实基础。

（3）个人成长需求。除了职业发展和学术研究外，英语还对学生的个人成长具有重要意义。学习英语可以帮助学生开阔视野、提升综合素质、增强自信心。通过参与英语角、留学交流等活动，学生可以锻炼自己的跨文化交际能力、增强自己的国际视野。因此，高校英语教育应关注学生的个人成长需求，为他们提供多元化的学习资源和平台。

3. 工具性与实用性特征的融合

高校英语的工具性与实用性特征并非孤立存在，而是相互关联、相互促进的。在教学过程中，教师应将二者有机融合，使学生在掌握语言知识的同时，提高实际应用能力。具体而言，可以从以下方面入手：

（1）优化课程设置。高校英语课程设置应充分考虑学生的实际需求和发展方向，既注重基础语言知识的传授，又强调实际应用能力的培养。可以设置不同类型的英语课程，如口语课、听力课、阅读课、写作课等，以满足学生不同方面的学习需求。同时，可以引入行业英语课程，如旅游英语、商务英语等，使学生能够将所学知识与实际工作相结合。

（2）创新教学方法。教师应改变传统的教学方法，采用更加灵活多样的教学手段，激发学生的学习兴趣和积极性。可以运用现代信息技术手段，如多媒体教学、网络教学等，为学生提供丰富的学习资源和互动平台。同时，可以组织各类英语实践活动，如演讲比赛、辩论赛、戏剧表演等，让学生在实践中提高英语应用能力。

（3）加强师资培训。高校英语教师应具备扎实的语言基础、丰富的教学经验和良好的跨文化交际能力。因此，高校应加强对英语教师的培训和管理，提高他们的专业素养和教学水平。可以组织教师参加国内外学术交流活动，拓宽他们的学术视野；可以邀请外籍教师来校任教或开展讲座，为学生提供更加地道的语言环境。

总而言之，高校英语的工具性与实用性特征是其教学过程中的重要方面。通过优化课程设置、创新教学方法和加强师资培训等措施，可以有效地将二者融合起来，提高学生的英语应用能力和综合素质。未来，高校英语教育应继续探索和实践，以适应社会发展和学生需求的变化，为培养具有国际视野和跨文化交际能力的人才作出更大的贡献。

（二）人文性和思想性特征

在我国，"人文"一词最早出现于《易经》。"人文"一词指人类文明，包括人类所创造的一切文化成果及从事的实践活动，亦有"教化教养"之意。英语经历了漫长的进化与演变，承载了西方文明的灿烂与辉煌，是西方世界思想文化的载体。因此，高校英语教学应充分考虑英语的人文性和思想性，以英语学习为切入点，教师除了帮助学生高效掌握语言知识和技能、减少机械记忆以外，还应注意引导学生从深层理解和把握语言，挖掘语言所反映和传递的思想内涵，以帮助学生开阔眼界，形成跨文化和包容意识，发展创新能力，培养良好的品格和正确的人生观、世界观及价值观。

第三节 高校英语教学的核心体系

一、高校英语教学的师资队伍体系

"要培养出市场需求的人才，高校师资队伍建设是关键。"[1] 英语专业的师资力量是衡量一个学校办学水平高低的决定性因素之一。

二、高校英语教学的课程教学体系

课程教学体系是专业知识和能力培养要求的全面体现，课程设置、课时数量及授课顺序等方面是否科学、合理，直接关系到专业培养目标能否顺利实现。课程体系是专业设置时最先确定的内容。英语课程体系的确立要建立在对所对应的工作岗位群所需要的知识和技能进行充分调研的基础之上。从全面培养人的角度来看，英语课程体系还要兼顾学生综合素质的提高。

三、高校英语教学的办学条件体系

随着全球化的深入发展和我国对外开放的日益扩大，英语作为国际交流的主要语言之一，其在我国教育体系中的地位愈发重要。作为培养高素质人才的重要基地，高校在英语

---

[1] 杨永兵. 地方升本院校商务英语专业"双师型"师资队伍的建设 [J]. 吉林省教育学院学报（上旬），2015, 31（5）：50-51.

教学中扮演着举足轻重的角色。然而，高校英语教学的发展不仅依赖于优秀的师资队伍和科学的教学方法，更离不开完善的办学条件体系。办学条件体系是指高校为开展英语教学活动所必须具备的一系列条件和要素的总和，这些条件和要素包括但不限于教学设施、教学资源、师资队伍、课程设置、教学管理等方面。一个完善的高校英语教学办学条件体系，能够为教学活动提供有力的物质保障和精神支持，从而促进教学质量的提升和人才培养的全面发展。

第一，教学设施与资源的完善。教学设施与资源是高校英语教学办学条件体系的重要组成部分，这包括教室、语音实验室、多媒体教学设备等硬件设施，以及教材、教学软件、网络教学资源等软件资源。高校应加大对教学设施与资源的投入力度，确保教学设施的先进性和教学资源的丰富性。同时，高校还应注重教学设施与资源的更新换代，以适应英语教学发展的新需求和新趋势。

第二，师资队伍的优化。师资队伍是高校英语教学办学条件体系的核心要素，优秀的师资队伍是提升教学质量的关键。高校应加强对英语教师的选拔和培训，提高教师的专业素养和教学能力。同时，高校还应注重引进具有国际化视野和丰富教学经验的优秀教师，以充实和优化师资队伍。此外，高校还应建立完善的教师激励机制，激发教师的教学热情和创新精神。

第三，课程设置的科学性。课程设置是高校英语教学办学条件体系的重要组成部分，科学的课程设置能够体现英语教学的系统性和针对性，满足学生的实际需求。高校应根据人才培养目标和学生的实际情况，制定合理的英语课程设置方案。同时，高校还应注重英语课程的创新与发展，引入新的教学理念和方法，丰富课程内容和形式。此外，高校还应加强与其他学科的交叉融合，提高英语教学的综合性和实用性。

第四，教学管理的规范化。教学管理是高校英语教学办学条件体系的重要保障，规范化的教学管理能够确保教学活动的有序进行和教学质量的稳步提升。高校应建立健全的教学管理制度和机制，明确教学管理的职责和权力。同时，高校还应加强对教学过程的监控和评估，及时发现和解决教学中存在的问题。此外，高校还应注重教学管理的创新与发展，探索适应新时代英语教学需求的管理模式和方法。

总而言之，高校英语教学的办学条件体系是一个复杂而系统的工程，需要高校从多个方面进行全面建设和优化。通过完善教学设施与资源、优化师资队伍、科学设置课程以及规范教学管理等方面的努力，可以不断提升高校英语教学质量，为我国培养更多具有国际化视野和英语应用能力的高素质人才作出贡献。

四、高校英语教学的实践教学体系

英语实践教学体系的建设和完善，制约着教学活动的组织与安排，进而影响人才素质和职业技能的培养。英语实践教学体系建设在教育人才培养系统中具有不可替代的作用。积极探索和改革实践教学的方法与内容，完善实践教学设计，构建体现教育特色的实践教学体系，是值得深入探讨和思考的重要问题。要以建立和优化英语创新人才培养模式为前提，把实践教学改革融入整体教学改革之中，不断加强对学生进行知识、能力、素质的综合培养。

第四节　传统学习方法对英语教学启示

一、词汇短语记忆法对英语教学的启示

第一，要让学生意识到学习词汇短语的重要性，提高学习词汇短语的自觉性。传统意义上的语言学习分为词汇和语法两个体系，以往过分强调语法的重要性，而把词汇只看作单个的词来学习，这样脱离了具体语境的学习是没有意义的学习，笔者认为，词汇和语法是相互联系的，掌握固定的词汇搭配，理解单词的含义，学习基础语法时就完全较容易。高校英语教学可以结合学生的专业进行专门用途英语词汇归类学习，因为学生在阅读本专业原版教材，或者在本专业相关职场中用英语进行交际中，词汇不足是最大障碍。

第二，大量的、高频率的、多种形式的词汇输入可很好地促进词汇习得。我国古代在进行语言启蒙教学时采用的教学方法就是大声朗读，朗读的过程就是不断加深认识的过程，是从陌生到熟悉再到形成语感的认知过程。因此在学习英语时，可以通过读单词来加强记忆效果。还可以把复现率较高词汇进行分类勤读，等掌握单词后，再通过朗读相关例句来掌握固定语境下的句子。

第三，利用现代化信息技术，提高背诵效率。互联网的高速发展给英语学习带来了数不胜数的视听材料。随着教学改革的持续进行，在外语教学课堂中，视听双重模式对于学生背诵英语词汇有促进作用。例如，一些英语词汇App，可以帮助学生利用零碎时间背诵单词。英语教师在进行教学时，还可以可下载一些优秀的电影作品、各大主流媒体的新闻播报、各主题的纪录片，让学生在图像、音频、情景中学习英语。

二、模仿作品对白法对英语教学的启示

目前，国内的英语教学缺乏自然习得环境，只能师生之间和学生之间进行对话，但在汉语环境下进行英语对话，学生语言的表达受汉语思维的影响，因此大量的中式外语在实

际语言运用中产生了，这便是在外语学习中母语产生的负迁移现象。严重妨碍了学生语言能力的提高，学生难以真正达到交际的目的。

在高校英语教学中，英语教师可以充分利用以英语为母语的国家拍摄的经典影视作品、访谈类节目等，挑选在不同场景下的经典对白，让学生针对某场景的对话进行模仿，这一过程能够为学生提供在特定场景下思考并选择恰当表达方式，进而改正由母语产生的负迁移。学生通过不断地模仿各种情景，当真正遇到某一情景时会事先考虑可能出现的情况，当实践中的话题或者情境与之前的模仿情景相符时，学生会自动地选择一种最佳的表达方式。

各种语境下的语言材料，反复地背诵吸收并加以储存，会逐渐地转化为生活的语言应用能力，从而提高语言表达能力，为进一步的英语学习打下坚实的基础。

三、模仿文学写作法对英语教学的启示

模仿文学写作法即通过模仿经典文学作品的形式、风格、语言等手段，进行创作性的写作练习，这种方法既是对文学传统的传承，又是对学生创新思维和表达能力的锻炼。在语言学习中，模仿是一种高效的学习方式，尤其对于英语这样的外语学习而言，模仿经典文学作品能够帮助学生更好地掌握语言的精髓，提升语言运用的准确性和地道性。

（一）模仿文学写作法在高校英语教学中的意义

第一，提升学生的语言感知能力。通过模仿文学作品，学生可以接触到丰富多样的语言形式和表达方式，从而增强对语言的感知能力。在模仿的过程中，学生需要仔细揣摩原文的语言特点、修辞手法和句式结构，这种深入的语言分析有助于培养学生的语言敏感度和鉴赏力。

第二，增强学生的跨文化理解能力。文学作品是文化的重要载体，通过模仿不同文化背景下的文学作品，学生可以更深入地了解不同文化的内涵和特点，这种跨文化的理解能够帮助学生打破文化壁垒，增强跨文化交流的能力，为未来的国际交往奠定基础。

第三，培养学生的创新思维和写作能力。模仿不是简单的复制，而是在理解的基础上进行创新。在模仿文学写作的过程中，学生需要在保留原文精髓的基础上，加入自己的理解和想象，形成独特的表达，这种创造性的写作过程能够激发学生的创新思维，提升他们的写作能力。

（二）模仿文学写作法在高校英语教学中的实践策略

第一，选择合适的文学作品作为模仿对象。教师应根据学生的英语水平和学习兴趣，选择适当的文学作品作为模仿对象，这些作品既要有代表性，能够体现英语语言的特色，

又要具有吸引力，能够激发学生的阅读兴趣。

第二，引导学生深入分析文学作品。在模仿之前，教师需要引导学生对所选文学作品进行深入的分析，包括作品的主题、风格、语言特点等方面。通过这种分析，学生可以更好地理解作品，为后续的模仿奠定基础。

第三，注重模仿与创新的结合。在模仿的过程中，教师要强调模仿与创新的结合。学生应在保留原文精髓的基础上，加入自己的理解和想象，形成具有个人特色的表达。同时，教师也要鼓励学生大胆尝试新的表达方式，培养他们的创新精神。

第四，及时给予反馈和指导。在学生的模仿写作过程中，教师应及时给予反馈和指导。对于学生在模仿中出现的问题和不足，教师要进行有针对性的指导，帮助他们改进和提高。同时，教师也要对学生的创新之处给予肯定和鼓励，激发他们的学习热情。

总而言之，模仿文学写作法作为一种有效的教学方法，在高校英语教学中具有广泛的应用前景。通过这种方法的应用，我们可以提升学生的语言感知能力、增强跨文化理解能力、培养创新思维和写作能力。因此，高校英语教师应积极探索和实践这种方法，为培养具有国际视野和创新能力的高素质英语人才贡献力量。

第二章 高校英语教学的具体内容分析

第一节 高校英语的听力教学

一、高校英语听力教学的目标与内容

（一）高校英语听力教学的目标

"提升高校高校生听力能力是高校英语教学中的重要目标之一"[①] 高校英语教学目标是培养学生的英语应用能力，增强跨文化交际意识和交际能力，同时发展自主学习能力，提高综合文化素养，使他们在学习、生活、社会交往和未来工作中能够有效地使用英语，满足国家、社会、学校和个人发展需要。

高校英语教学目标分为基础、提高、发展三个层级。在三级目标体系中，基础目标是针对非英语专业学生的英语学习需求确定的；提高目标是针对入学时英语基础较好、英语需求较高的学生确定的；发展目标是根据学校人才培养计划的特殊需要，以及部分学有余力学生的多元需求确定的。各高校可以根据实际需要，自主确定起始层次，自主选择教学目标。分级目标的安排为课程设置的灵活性和开放性提供了空间，有利于实施满足学校、院系和学生个性化需求的高校英语教学。

第一，高校英语听力的基础目标：能听懂就日常话题展开的简单英语交谈；能基本听懂语速较慢的音、视频材料和题材熟悉的讲座，掌握中心大意，抓住要点；能听懂用英语讲授的相应级别的英语课程；能听懂与工作岗位相关的常用指令、产品或操作说明等；能运用基本的听力技巧。

第二，高校英语听力的提高目标：能听懂一般日常英语谈话和公告；能基本听懂题材熟悉、篇幅较长、语速中等的英语广播、电视节目和其他音视频材料，掌握中心大意，抓住要点和相关细节；能基本听懂用英语讲授的专业课程或与未来工作岗位、工作任务、产品等相关的口头介绍；能较好地运用听力技巧。

第三，高校英语听力的发展目标：能听懂英语广播电视节目和主题广泛、题材较为熟

---

① 靳昭华，王立军. 输出驱动理论在高校听力教学中的应用[J]. 中国市场，2015（28）：203，224.

悉、语速正常的谈话，掌握中心大意，抓住要点和主要信息；能基本听懂用英语讲授的专业课程、英语讲座和与工作相关的演讲、会谈等；能恰当地运用听力技巧。

（二）高校英语听力教学的内容

1. 听力知识的教学

听力是学生培养和提高英语技能的基础，主要包括语音知识、语用知识、策略知识、文化知识等。语音教学是听力教学的重要内容。在实际的交际过程中，同一个句子会在发音、重读、语调等变化中产生不同的语用含义，表现出交际者不同的交际意图与情感。在听力教学过程中，让学生掌握英语的发音、重读、连读、意群和语调等语音知识，对学生语音的识别能力和反应能力的提高有促进作用。在教学过程中，教师还应对学生进行听音、意群、重读等方面的训练，训练内容既要包括词、句，也要包括段落、文章，使学生熟悉英语的表达习惯、节奏，从而为学生提高听力理解奠定坚实基础，这种训练还能在无形中培养学生的英语思维能力，促进英语习得能力的提高。

语用知识的学习能够帮助学生理解话语内涵，增加对话语的理解程度；策略知识的学习能够帮助学生选择不同的听力材料和听力任务，提高听力的针对性；文化知识的学习，对于学生日后英语的跨文化交际具有促进作用，有利于不同文化背景下交际的顺利进行。

2. 听力技能的教学

对于英语听力技能和技巧的合理运用，能够为跨文化交际水平的提高奠定基础。

（1）基本听力技能

第一，辨音能力。听力中的辨音能力教学是指让学生了解音位的辨别、语调的辨别、重弱的辨别、意群的辨别、音质的辨别等。这种辨音能力的训练不仅能够提高英语听力进行的有效度，对学生理解能力的提高也大有裨益。

第二，交际信息辨别能力。交际信息辨别能力主要包括辨别新信息指示语、例证指示语、话题终止指示语、语轮转换指示语等。交际信息的辨别能够提升听力的有效性和针对性，促进学生对话语的理解效率。

第三，大意理解能力。大意理解能力主要包括理解谈话或独白的主题和意图等。大意理解能力的提高，为学生在整体上把握话语内容作好铺垫。

第四，细节理解能力。细节理解能力指获取听力内容中具体信息的能力。在英语学习和考试过程中，对细节的理解能力能够帮助学生提升做题的准确度。

第五，选择注意力。选择注意力指根据听力的目的和重点选择听力中的信息焦点。针对不同的听力材料进行注意力的选择训练十分重要，有助于学生把握话题的中心。

第六，记笔记。记笔记是指根据听力要求选择适当的笔记记录方式。掌握良好的记笔记技能，可以提高英语听力记忆效果。

听力水平的提高需要教师循序渐进地进行有针对性的教学工作，不同的学生有着不同的学习习惯和学习特点，教师需要因材施教。

（2）听力技巧

听力技巧主要包括猜词义、听关键词、过渡连接词、预测、推断等。掌握正确的听力技巧，可以有效提高听力理解能力。例如，在与他人交际时或听语音材料时，学生可以根据上下文或者借助说话者的表情、手势等猜测出生词的含义，促使交际顺利进行。因此，训练听力技巧的各种听力活动是听力教学的必要内容。

3. 听力理解的教学

语言会因使用目的、交际者等的不同而带有不同的语用含义，对话语的正确理解是英语听力教学中的重点和难点。因此，教师在听力理解的教学过程中，应该让学生懂得如何从对字面意义的理解上升到对隐含意义的把握，继而提高英语的综合语用能力。具体而言，英语听力理解主要包含以下 44 阶段。

（1）辨认

辨认主要包括语音辨认、信息辨认、符号辨认等方面。辨认有不同等级，最初级的辨认是语音辨认，最高级的辨认是说话者意图的辨认。教师可以通过正误辨认、匹配、勾画等具体方式，训练和检验学生的辨别能力。

（2）分析

分析要求学生能够将听到的内容转化到图、表中。这个阶段要求学生可以在语流中辨别出短语或句型，以此对日常生活中的谈话内容有大致理解。

（3）重组

重组要求学生用自己的语言将听到的内容以口头或书面的方式表达出来。

（4）评价与应用

评价与应用是听力理解的最后两个阶段，要求学生在辨认、分析、重组三个阶段，即获得、理解、转述信息基础上，运用个人语言对所获得的信息进行评价和应用。在实际教学中，可以通过讨论、辩论、问题解决等活动进行。

二、高校英语听力教学现状

随着科技的进步和全球化的日益发展，听力技能在交流中发挥出越来越重要的作用。

对语言学习而言，听力是交流的基础。然而，我国当前的英语听力教学存在问题严重制约了，影响学生听力能力的提高。

（一）听力教学中学生的学习现状

学生听力水平难以提高一直是我国高校英语听力教学面临的重要问题，究其原因主要有以下4点。

1. 学生缺乏英美文化知识

学生缺乏对英美文化知识的了解是听力水平难以提高的重要原因。听力材料中不可避免地包含一定的文化信息，而学生对英语国家的历史文化、自然地理、风土人情、思维方式、行为习惯等不了解，也就不能理解英美说话者的价值观念和思维方式，这些都会成为学生在听力过程中的阻碍，严重影响对听力材料的理解。

2. 学生听力基础薄弱

学生听力基础薄弱体现在多个方面：第一，英语基础功底差。部分学生掌握的词汇量、语法十分有限，对语音的识别能力也十分欠缺，这些都直接是听力教学中的障碍。第二，不良的听力习惯。我国英语教学带有很强的应试性，不利于学生养成良好的听力习惯。另外，学生在课外很少进行听力练习，导致听力能力欠佳。第三，畏惧听力。听力是一种综合的语言能力。听力技能的培养涉及理解、概括、逻辑思维、语言交际等，但在实际英语听力教学中，很多学生因为跟不上语音材料的语速，且思维缓慢，而不能使听到的语音转化成实际意义，进而对听力学习产生畏难情绪。

3. 学生对听力重视度不够

受传统教学模式影响，大多数高中阶段的英语教学不重视英语听、说能力的训练，加上教学条件有限，学生很少有正式学习听力的机会，致使母语思维一直处于主导地位，而英语和汉语在语音和表达方式上的差别较大，对母语的过度依赖严重影响了学生听力能力的发展。到了大学阶段，学生过低的英语听力水平与过高的课程要求之间的矛盾，使英语听力课堂的教学效果也很差。虽然高校校园中有英语广播节目等内容，但这些资源非常有限，无法被学生普遍、有效地利用，学生英语听力的学习仍然缺乏必要的语言环境。此外，在英语听力课堂上，由于学生的听力水平较低，教师不得不大量使用中文进行授课，如此更加强化了消极的思维定式。

在高校英语听力教学中，学生的心理障碍是影响其听力水平的内部因素。各院校对高校英语四、六级考试的过分重视，且高校英语四、六级考试侧重考查学生的语法、词汇量和写作水平，对听力考查所占比重较小，也使学生对英语听力产生误解，一些学生认为听力提高起来费时又费力，不如将时间和精力放在比重较大的阅读理解上。

（二）听力教学中英语教师的教学现状

1. 机械的教学模式

当前，英语听力教学多采用"听录音—对答案—教师讲解"的教学模式。该教学模式下，不仅缺乏对学生的有效监督，而且忽视了学生对于语篇的整体理解，只是机械地、重复地播放录音，教师盲目地教，学生盲目地听，无法产生听的兴趣，教学效果自然不佳。

2. 缺乏适度引导

在应试教学影响下，英语听力教学多是围绕考试展开，教师将教学重点放在如何应对考试上，以考试的形式训练学生的听力能力，而不对学生做任何引导就直接播放录音，很容易使对生词、相关的知识背景等尚不熟悉的学生在听的过程中遇到障碍，不仅降低听的质量，而且使学生产生挫败感，对听力学习失去信心和兴趣。与之相反的是，有的教师在播放录音前，会对学生进行过多引导，不仅介绍生词、句型，还将材料的因果关系等一并介绍给学生。这样一来，学生即使不用仔细听，也可以选出正确答案，很难激发学生听的兴趣，听力教学也就失去了意义。

可见，如何对学生进行适度引导，是关系听力教学质量的一个重要问题，过多或过少都会影响教学效果，教师应根据实际情况进行把握。

（三）听力教学中教学环境的现状

1. 听力教学中教材安排不够完善

目前，我国高校英语听力教材存在的以下两个方面的问题。

（1）听力教材过于单调

高校英语听力缺乏规范的；与课文录音配套的音像辅助资料；缺少必要的视听设备和科学理论指导；缺乏教师的监督和指导，学生往往毫无策略地学习，教师也无法从学生那里得到任何反馈信息。这种单调的听力教材使听力课堂气氛沉闷，学生很容易产生厌倦心理，严重影响听力教学的课堂教效果和学生的学习积极性。

（2）听力教材缺乏真实性

我国高校英语听力教学中使用的听力材料大多是由专家整理、改编，再由发音纯正的外国人录制而成。这种听力材料常被称为非真实材料或"人工"材料。非真实材料语言的节奏和发音语调并不自然,说话没有自然停顿和开始,也没有快慢变化,毫无真实语言特点。学生使用这样的听力材料进行听力训练,很难培养在真实语境中的交际能力,听力水平也很难得到提高。

2. 听力教学中课程的设置欠佳

在实际英语教学中,听力教学并未得到应有重视,很多高校在英语听力课程设置方面,一直压缩听力课程学分,只重视英语精读课而完全没看到英语听力的社会性。另外,部分院校在课程改革中将听力课与口语课相结合改为听说课,也在稀释听力课的课时与学分。在这种情况下,学生的英语听力能力很难得到提高。

3. 听力教学中教学评估较为单一

教学评估对于实现教学目标至关重要,是高校英语教学的重要环节。教学评估既是教师保证教学质量、改进教学管理、获取反馈信息的重要依据,也是学生改进学习方法、调整学习策略、提高学习效率的有效手段。在我国高校英语教学中,教学评估一直影响着英语听力教学模式和教学方法的实施。各院校和各级教育行政部门也将高校英语课程教学评估视为本科教学工作评估的重要内容。但是受应试教育思想的深刻影响,教学评估依然是以学生成绩作为唯一的考核标准,很多院校更是以高校英语四、六级考试成绩衡量学生的学习情况和教师的教学情况,给高校英语听力教学带来了很大影响。因为在高校英语四、六级考试中,听力所占比重较低,所以很多教师和学生将精力放在比重较大的阅读上,在课时和学分分配上更侧重精读,这都不利于学生听力水平的提高。

三、高校英语听力教学的策略

(一)结合实用信息

"听力能力的培养是高校英语教学的重要组成部分"[①]。听力教学效果得不到提升的一个重要原因是听力材料的实用性低,学生对听力材料不感兴趣。对此,教师可采用实用听力法,给学生听与实际生活相关的材料。

第一,听通知信息。出门在外,我们经常会在车站、机场等地方听到上车、登机、晚点等英文语通知。听懂这些通知对学生日后外出、旅行十分重要,这类材料也能够引起学

---

① 金靓. 高校英语听力教学策略探析[J]. 学园,2010(3):2.

生的足够重视。因此，教师可以给学生播放各类通知，教会学生掌握通知中所有的重要细节，帮助学生养成听的习惯。

第二，看电影内容。看电影是学生喜爱的一种娱乐方式，很多经典商务英语电影也是中国学生追捧的对象。对此，教师可将电影应用到听力教学中，可选取一些经典的英文无字幕电影，让学生一边看一边听电影中的对白。

第三，听新闻。新闻题材多种多样，包括大量专业术语，需要丰富的背景知识。因此，听新闻相比听电影难度教大，但听新闻有助于学生的英语听力上升到一个新的高度。所以，教师应经常为学生播放英语新闻，以培养学生养成听新闻的习惯；教师还应鼓励学生培养听新闻的习惯和爱好。在听新闻的过程中，教师可要求学生理解大概意思，而不必掌握所有细节，但前提是需要掌握整个语篇的大致意思，能够抓住文本中的关键词。

（二）结合视觉信息

听力教学中，教师可利用文字、图片等工具为学生提供一定的视觉信息。尽管听力理解的主要信息是听觉信息，但与听力相关的文字、图表等视觉信息也会给学生的听力理解带来帮助。例如，英语新闻播报过程中，电视屏幕下方显示的新闻关键词，对听懂新闻有很大帮助；与听力内容有关的画面，也有助于学生对听力材料的理解。所以，在英语听力教学过程中，教师要积极利用各种方式为学生提供视觉信息，帮助学生理解听力内容，提高听力水平。

（三）结合听觉信息

听觉信息主要指语气和语调。同一句话说出的语气、语调不同，语义也可能发生改变。有时，学生可能对听到的内容并不确定，或理解不深，但通过语言材料的语气、语调能够确定说话人的意图，如喜悦、愤怒、夸张、幽默等。因此，教师可为学生提供带有语气、语调的听力材料，帮助学生将听到的内容和语气、语调结合起来，形成图式，内化到个人知识体系中，有助于日后遇到类似材料时的听力理解。

（四）结合已有知识

已有知识不仅包括学生业已掌握的语言知识，还包括他们所掌握的常识及英语文化背景知识，如英语国家的历史、地理、风俗等。在听力过程中，一般的生活常识和科普知识对于学生听力理解起到重要作用；一般的生活常识和科普知识可以扩大高校生的知识面，拓宽学生的听力范围；一定的背景知识可以使学生克服听力中的困难。事实上，缺乏足够的背景知识往往会造成听力障碍。因此，在选择听力材料时，教师可适当选取文本本身带有背景介绍，为学生的听减轻困难，同时帮助学生积累这类知识。

四、高校英语听力教学的文化影响

（一）文化差异的影响

1. 生活常识的影响

例如，在经典电影《阿甘正传》中，主人公 Forest Gump（阿甘）曾这样形容他和 Jenny（珍妮）的关系："We are like beans and carrots."很多不理解西方饮食文化的人看到这句话会觉得难以理解，为什么两个人会像青豆和胡萝卜。这是因为在西餐中，青豆和胡萝卜总是作为辅菜放在一起，这个表达方式用于形容两个人形影不离。

2. 地理环境的影响

英文中包含很多与海洋相关的习语，如 all at sea（不知所措）、a drop in the ocean（沧海一粟）、plain sailing（一帆风顺）、between the devil and deep sea（进退两难）、While it is fine weather, mend your sail（未雨绸缪）等等，这是因为不同的自然环境会对当地的文化造成不同影响，语言恰恰包含了这种独特的文化基因。英国人为了生存，经常与恶劣的海洋气候进行抗争。在征服自然的过程中，自然形成了与海洋有关的习语。另外，英国强大的航海业和捕鱼业，使得大量与"fish"有关的习语相继产生，如 big fish（大亨）、dull fish（枯燥无味的人）、make fish of one and flesh of another（比喻厚此薄彼，偏爱一方）等。从这些角度来看，很多短语变得容易理解了，在讲解的同时，学生不仅对语言加深了印象，对国家的了解也更进一步。

（二）多元文化的影响

1. 多元文化影响文化意识

在英语听力教学中，加强学生文化意识的培养十分重要。听力材料的理解不仅依赖于好的英语知识水平，还受到文化因素影响。很多学生能够听懂英语听力中的句子，却不能理解句子含义，一部分原因是对材料中反映的文化不了解。因此，培养学生的文化意识十分有必要。

在听力教学活动中，教师可以有意识地选择能够反映各国文化、风俗习惯、信仰的材料，在听力教学中渗透跨文化意识的培养。在课上有限的时间里，教师可以引导学生主动探究不同文化之间的差异。在听力教学中，教师可以向学生推荐关于体现不同文化特点的电影，既可以帮助学生提高英语听力水平，又让学生了解文化差异，可以在听力课上组织学生听不同国家文化背景的材料，并将学生分为若干小组，让学生找出音频中涉及文化差异的具体体现，最后判断哪一组找得最多，并给予一定的奖励。

2. 多元文化影响文化背景

在英语听力课教学中，教师在传授语言知识的同时，也应注重文化背景知识的传授。文化背景知识的传授应该密切结合实践课，使学生更加深刻地理解英语，更准确地使用英语。因此，在英语教学流程中，应该根据学生的英语水平和教学内容需要，有计划、有针对性地导入文化背景知识，在提高学生语言能力的同时，丰富学生英语国家的文化知识。

（1）培养学生的文化意识，增强学生学习兴趣

在课堂教学中，教师不但要传授英语的语言知识，还要帮助学生树立正确的思想观念，有意识地培养学生的文化意识。学生必须认识到，背景知识的学习有助于听力水平的提高。语言是融合在相关背景知识中的，这些知识有助于预测讲话人的说话内容，并在听的过程中进行核对、证实。相关的背景知识既可以增进听者对讲话发生的地点、时间和周围环境的了解，又可以帮助学生熟悉讲话人的年龄、性别及对事物的观点、看法。

成功的听力理解取决于听者的语言知识和背景知识的相互作用，两者缺一不可。此外，学生也应该认识到文化背景知识的学习有助于自身文化素质的提高。英语学习的目的不仅是掌握纯英语的语言能力，也是进一步了解西方文化，拓宽知识面。

（2）改变教师的教学观念，提高教师自身素质

教师本身也应有强烈的文化意识，重视学习积累和传授文化背景知识，在课堂中注意将语言与文化相融合，逐步在课堂中向学生介绍英美国家的风土人情，渗透西方文化的背景知识。在树立正确的教学观念的同时，教师应广泛阅读与文化背景知识有关的书籍和材料，掌握和了解丰富的文化背景知识，深刻了解中西方文化在不同层次、各个方面的异同。只有提高自身素质和文化修养，教师才能在课堂上不仅讲解语言知识，更能在有关文化背景知识的传授中引导和教育学生。

（3）精心选择实践性的教材

语言教学与文化背景知识传授相结合，必须有相应的配套教材。在选择英语听力教材时，应选择包含英美文化背景知识介绍的材料，既重视中西方文化差异的介绍，又重视词汇文化意义的介绍。在实践中应选用真实材料，可以采用国外原版的英语教材。因为，原版教材包含英美文化、风俗习惯等内容，可以作为学生练习听力的最佳材料。此外，西方

的电视、电影节目具有时效性、实践性和趣味性,是介绍西方文化知识的有效且直观手段。在听力教学中,教师可以选取英文电影节目片段作为课堂上的理解材料,也可以推荐给学生在课外进行泛听。

(4)采用丰富多彩的教学方式

文化背景知识不应只限于英语课堂上,而是应该根据实际情况,要求学生在预习时对相关背景知识进行搜索和学习,并在课后做进一步了解。在课堂上,应充分利用视频、网络等多媒体资源;教学方式除了传统教学模式外,还可以采用合作学习的组织方式,让学生分组收集某一方面的文化背景知识并在课堂上做介绍,教师作相应指导;让学生参与教学,增强学习兴趣。课外,教师应鼓励学生进行广泛的阅读和大量的听力训练,向学生推荐含有西方文化内容的书单或视听节目;可以举办文化专题讲座,介绍如西方节日、跨文化交际原则等[①]。

第二节 高校英语的口语教学

一、高校英语口语教学的目标与内容

(一)高校英语口语教学的目标

第一,高校英语口语的基础目标:用英语对日常话题进行简短的交谈;对一般性事件和物体进行简单叙述或描述;经准备后能够就所熟悉的话题做简短发言;就学习或与未来工作相关的主题进行简单讨论。语言表达结构清楚,语音、语调、语法等基本符合交际规范,能够运用基本的会话技巧。

第二,高校英语口语的提高目标:运用英语就一般性话题进行比较流利的会话;能够较好地表达个人意见、情感、观点等;能够陈述事实、理由和描述事件或物品等;能够就熟悉的观点、概念、理论等进行阐述、解释、比较、总结等。语言组织结构清晰,语音、语调基本正确,能够较好地运用口头表达与交流技巧。

第三,高校英语口语的发展目标:较为流利、准确地用英语就通用领域或专业领域里的一些常见话题进行对话或讨论;用简练的语言概括篇幅较长、有一定语言难度的文本或讲话;在国际会议和专业交流中宣读论文并参加讨论;参与商务谈判、产品宣传等活动;能够恰当地运用口语表达和交流技巧。

---

① 刘梅,彭慧,仝丹. 多元文化理念与英语教学研究[M]. 延吉:延边大学出版社,2018:184.

（二）高校英语口语教学的内容

1. 语音的教学

语音是学习英语口语的基础。语音训练的目标是掌握正确的语音和语调，包括重读、弱读、连读、音节、意群、停顿等。错误的发音或不同的语调会造成对方理解困难，甚至产生误解。

2. 词汇的教学

词汇是英语学习的基础，无论是英语听力、阅读、口语还是写作，都离不开词汇。没有足够的词汇量就没有足够的输出语料，也就不能进行信息的交流和沟通。词汇是信息的载体，如果没有足够量的词汇，就不能在脑中形成既定的预制词块，必然会影响英语的输出效率。因此，有效的词汇输入是词汇输出的条件，口语交际功能的实现离不开充足的词汇量作支撑。在口语教学中，教师应该加强学生词汇量的积累。

3. 语法的教学

语法是单词构成句子的基本法则，要实现沟通的目的，必须要构建符合语法规则的句子。只有句子符合语法规则，才可以被听者理解。词汇是句子含义的载体，语法是句子结构的基础，两者必须有机结合才能实现口语表达的实用性和高效性。

4. 会话技巧的教学

口语教学的最终目的是交际，学习并运用会话技巧，可以使交际顺利进行。下面分析常用的会话技巧。

（1）表达观点

It seems to me that...

I'd like to point out that...

To be quite frank/perfectly honest...

（2）获取信息

Could you tell me...

I'd like to know...

Got any idea why...

I wonder whether you could tell me...

（3）承接话题。

To talk to..., I think...

On the subject of/Talking of...

That reminds me of...

（4）转换话题。

Could we move on to the next item？

I think we ought to move on to the problem of...

Just to change the subject for a moment...

（5）征求意见。

What is your opinion/view？

How do you see...

Have you got any comments on...

（6）拒绝答复。

It is difficult to say.

It all depends.

I'd rather not say anything about that.

5. 文化知识的教学

在口语交际中，文化知识也十分重要。交际的得体性要求学生必须掌握一定的文化知识，包括普通的文化规则和不同文化之间的交际规则。也就是说，学生除了要具有扎实的语言基础知识外，还要具备一定的文化知识。

二、高校英语口语教学现状

英语口语教学的目的是培养学生运用口语进行交际，因此英语口语教学应将教学重点放在能力的培养上，而不是一味地进行知识传授。口语表达能力的获得主要依靠教师的指导与学生的练习。就目前来讲，英语教学在我国已引起广大专家和学者的关注，英语教学改革也取得了一定进展，但是英语口语教学的现状仍不容乐观，依然面临一些问题。

（一）口语教学中学生自身的学习现状

（1）语音不标准，词汇匮乏

受汉语语言环境影响，语音基础薄弱的学生发音不准，影响语义表达；有的带有地方口音，听起来不标准；有的不能正确使用语调、重音等，直接影响英语口语语音、语调的标准性。另外，由于缺乏练习，部分学生很难将学到的词汇应用在口头表达中，造成"无话可说"或"不知如何说"的尴尬。

（2）缺少练习

从学生角度来看，一些学生已习惯养成上课记笔记、下课做练习的学习模式，在口语学习中处于被动的接受地位，在没有语境的情况下做大量机械的替换、造句等练习，没有形成主动参与课堂活动的意识，学生的口头表达能力自然难以提高。

（3）心理压力大，缺乏自信

部分学生长期将英语学校的重点放在阅读和写作训练上，忽视了英语口语的练习，对英语口语表达不自信，即使有英语口头交流机会，也因为紧张不安的情绪而难以沟通，这些心理压力都不利于学生英语口语能力的提高。

（二）口语教学中英语教师的教学现状

1. 口语教学中教学方法较为滞后

我国英语口语教学作为英语整体教学的一部分出现，并没有被独立出来进行专门教授，而且教学方法滞后是其中的重要问题。口语教学中，教师习惯性地采用传统的"讲解—练习—运用"教学模式，看似体现出教学规律，实际上制约了学生说的积极性。在此教学模式下，学生只能被动地接受教师所讲授的词汇和语法知识，根本无法有效锻炼口语表达能力。

2. 口语教学中汉语授课情况较多

提高英语口语能力的一个重要方法是多听、多说。然而，很多英语教师考虑到学生的英语水平参差不齐，为了使所有学生都能跟得上教学进度而不得不放弃用英语授课，这无疑恶化了英语使用的环境，减少了学生用英语进行交际的机会。另外，教师为了追赶教学进度，应对高校英语四、六级考试，也多用汉语讲授知识点。

3. 口语教学中教师的指导方法欠佳

在英语口语教学中，很多教师在对学生口语表达进行指导时缺乏科学合理的方法，具体表现在以下四个方面。

第一，部分教师在口语教学中使用逐字逐句的纠错方式，容易使学生产生依赖心理，打击学生学习的积极性。

第二，部分教师没有对口语话题提供足够的语言支持，如给学生提供必要的词汇、重要句型等。

第三，部分教师没有对口语话题进行适当或必要解释，没有从观念、情感、文化、价值观等方面对话题进行拓展，学生对话题理解不够透彻，很难进行有意义的互动。

第四，部分教师没有从学生的角度出发，指导口语使用策略，如如何根据说话者的意图、语言功能、语境等对口语内容与方式进行组织。

（三）口语教学中教学环境的现状

随着高校英语口语教学的发展，口语教学环境已经有了很大改善，但受传统英语教学观念的影响，英语口语教学环境还有很多亟待改善之处，具体体现在以下3个方面。

（1）课时安排不足

与阅读、听力与写作相比，口语能力的提高需要更长时间的练习，意味着教师需要把更多的时间与精力放到口语教学上。然而，目前我国高校英语口语教学并不是一项独立的教学内容，分配给口语的教学时间也难以保证。

（2）缺乏配套教材

就目前情况来看，我国适用于非英语专业的高校英语口语教材比较少。我国大部分院校使用的英语教材或者将口语训练当作听力训练的延展而附在听力训练之后，或者直接取消口语训练，对处于附属地位的口语练习，内容简短、系统性差，缺少必要的练习指导与参考答案，实用性很难得到保证。此外，市面上的口语教材或者过于简单（只涉及简单日常用语），或者难度过大（涉及专业领域），与高校英语教材在难易度上难以实现对接，这些教材在辅助学生口语练习时的效果并不理想。

（3）口语评估制度欠缺

评估可以检验教学质量，是教学中不可或缺的重要环节。我国最常使用、影响最大的评估方式是考试。然而，考试多是对学生听力、阅读、写作、翻译技能的检测，而无法考查学生口语学习质量，且专门用于检验口语水平的测试较少。造成这一现状的原因在于，口语考试的实施与操作有一定难度，如口语测试材料难易程度的把握、考试形式的信度与效度问题等。

三、高校英语口语教学策略

（一）引入文化背景

语言是文化的载体，语言的使用反映着说话人的文化背景。我国学生受根植于内心深处的母语文化影响，在用英语进行口语表达时带有汉语思维和表达方式，导致表达不地道。因此，在英语口语教学中应该将文化和口语教学相结合，利用文化导入的方法教授英语口语。

第一，结合教材导入。教师可根据每节课的教学内容，结合教材向学生介绍与当堂学习内容相关的背景知识。例如，在一节关于饮食的口语课上，教师可向学生介绍西方的饮食文化，并为学生补充相关词汇、常用语句，这种方式是最直接、最自然的导入。

第二，结合多媒体导入。中国学生的英语口语学习有一个不利因素——缺乏英语环境。英语环境的缺乏导致学生无法感受英语及英语文化，增加他们口语表达的困难。教师可以利用多媒体为学生提供大量的英语文化知识，创设真实的英语情景，使学生身临其境地感受英语及英语文化，增加学生之间的互动交流，从而有效激发学生的学习热情。

（二）创设语言情境

语言学习的目的是使用语言，解决实际生活、工作、学习中的问题，因此英语口语教学应提供真实语境，让学生在具体的、真实的、生动的语境中使用口语。教师应在学生的口语练习中创设多种语言情境，加强语言与情境的紧密结合，使抽象的语言教学具体化、情境化、形象化，更贴近日常生活中的自然交谈。在课堂中，营造真实的语言情境不仅可以激发学生学习口语的兴趣，还可以使学生更快速地掌握口语技能。

第一，配音。配音方式并不是固定的，教师可以先让学生听一段电影、电视片段，再讲解其中的语言点，讲解完后再播放给学生听，让学生尽量记住对白；然后将电影、电视调至无声，让学生根据记忆为电影配音。除此以外，教师可以让学生观看一段无声的电影、电视，让学生发挥想象力为画面配音。这种方法更有助于激发学生的想象力，调动他们的参与性，口语锻炼的效果也会更好。

第二，角色扮演。角色扮演是一种深受学生喜爱的教学活动，是情境教学的一种主要教学手段。操作时，教师可为学生提供一个具体情境：

Mary Brown left teaching fifteen years ago in order to devote her time to her family. Now her daughter is old enough to look after herself, and Mary seems to have much more time on her hands, so she is thinking of going back to teaching. She wants to discuss this with her family in order to find out their views and seek their advice.

针对上述情境，教师可划分出三个角色，并指定或由学生自行讨论确定各自扮演的角色：

Mary Brown: You are interested in your family's attitudes towards your going back to teaching ,and you do not want to do anything against their wishes.Decide what to do.

Michael Brown：You are Mary's husband.You think it is a good idea for her to go back to work.Try to convince her to go back and try not to let your father advise her not to.

Mr.Brown Senior：You are Mary's father—in—law.You are not very well ,and it is your daughter who has helped you along.You are seriously worried if she goes back to work.Try to find ways to persuade her not to go back to work ,without sounding selfish ,Try to remind her about the stress of teaching and the importance of her place in the home ,

分工完毕后，学生可以进行排练，然后在全班同学面前进行表演。排练和表演期间，教师尽量不要干预，如有需要，只做适当指导。表演结束后，教师可让学生对自己的表演技巧、语言运用等方面发表看法，再由教师对学生的表演情况进行点评，包括表演中的语言表达失误、语气语调不当等。这种角色表演有助于增加口语教学的趣味性，降低学生对口语学习的畏惧；有助于将学生从机械、重复、单调的练习中解放出来，给学生提供在不同的社会场景里以不同的社会身份进行交流的机会，对口语教学效果有提升作用。

（三）课堂结合评价

评价对教学具有指导和促进作用。通过评价，教师可以及时发现学生学习中的问题，并予以纠正和引导。因此，口语教学可将评价和课堂教学融为一体，通过评价激发学生口语学习的欲望，明晰口语教学重点，指引口语教学方向，提高口语教学效果。

1. 形成性评价教学

形成性评价又称"过程性评价"，指在教学过程中为了获得有关学习的反馈信息，了解学生对所学知识的掌握程度所进行的系统评价，是针对学生的学习行为与能力发展进行的过程性评价。形成性评价应用于口语教学中，要求教师将课堂教学的功能目标分解成阶段性评价目标，并根据各个阶段目标的特点，设计相应评价活动，然后将评价活动应用于每节课中，每过一段时间进行一次评价总结，以此诊断学生是否达成学习目标。若达成学习目标，应给予学生适当奖励或鼓励；若没有达成学习目标，需要分析原因，以确定下一步的教学行为、教学活动、教学重点等等。

2. 终结性评价教学

终结性评价是一种结果性评价，是在某个相对完整的教学阶段结束后，对整个教学目标的实现程度作出评估（如期末考试），目的在于检查学生的学习是否达到教学目标。终结性评价的标准必须根据课堂口语交际能力目标设计应用性活动。通过评价结果，学生和教师能够了解过去一段时间口语教学的成果、问题，并在下一阶段的课堂教学中予以纠正。

3. 一般评价标准教学

一般而言，英语口语评价应该包括以下四个方面。

（1）语音

语音评价标准包括以下方面：

0.0～0.4:Frequent phonetic errors and foreign stress and intonation patterns that cause the speaker to be unintelligible.

0.5～1.4:Frequent errors and foreign stress and intonation patterns that cause the speaker to be occasionally unintelligible.

1.5～2.4:Some consistent phonetic errors and foreign stress and intonation patterns，but the speaker is intelligible.

2.5～3.0:Occasional pronunciation errors，but the speaker is always intelligible.

（2）总体可理解度

总体可理解度的评价标准如下：

0.0～0.4:Overall comprehensibility too low in even the simplest type of speech.

0.5～1.4:Generally not comprehensible due to frequent pauses and/or rephrasing ,pronunciation errors ,limited grasp of vocabulary ,and lack of grammatical control.

1.5～2.4:Generally comprehensible with some errors in pronunciation ,grammar ,choice of vocabulary items ,or with pauses or occasional rephrasing.

2.5～3.0:Completely comprehensible in normal speech ,with occasionalgrammatical or pronunciation errors in very colloquial phrases.

（3）语法

语法的评价标准如下：

0.0～0.4:Virtually no grammatical or syntactic control except in simples tock phrases.

0.5～1.4:Some control of basic grammatical constructions but with major and/or repeated errors that interfere with intelligibility.

1.5～2.4:Generally good control in all constructions，with grammatical errors that do not interfere with overall intelligibility.

2.5～3.0:Sporadic minor grammatical errors that could be made inadvertently by native speakers.

（4）流利程度

流利程度的评价标准如下：

0.0～0.4 Speech is halting and fragmentary or has such a nonnative flow that intelligibility is virtually impossible.

0.5～1.4 Numerous nonnative pauses and/or nonnative flow that interferes with intelligibility.

1.5～2.4 Some normative pauses but with a more nearly native flow so that the pauses do not interfere with intelligibility.

2.5～3.0 Speech is as smooth and effortless as that of a native speaker.

评价标准并非一成不变、适用于全部口语评价，而是会随着评价理念、评价内容等变化而变化。因此，上述评价标准只是一个参考，在实际口语评价中，教师还必须结合实际情况确定评价标准。

四、高校英语口语教学的文化影响

（一）口语教学中文化差异带来的影响

1. 交际文化差异的影响

各种语言除一部分核心词汇外，许多词汇都有特定的文化信息，即"文化内涵词"。这些词会影响学生对英语的正确使用。有些词语的表意也十分丰富，如"cousin"一词对应中文的堂兄、堂弟、堂姐、堂妹、表兄、表弟、表姐、表妹，可谓一词多义。汉语中，表达烹饪的词汇有50多个，而英语中只有十几个，所以不能将英汉词汇简单对等。

2. 习语文化差异的影响

不论是中文还是英文，都蕴含着丰富的习语，它们简短生动，是历史文化积淀的产物，不深入了解文化背景则无法理解习语。因此，认识习语中的单词并不代表理解习语的意思，要在英语口语中正确使用习语，必须掌握和习语有关的文化知识。

3. 句式与语篇思维方式的影响

英语句式较紧凑，以介词和连词构成的长句居多；汉语句式则爱用动词，以短句为主。从语篇看，英语语篇模式大多为直线型思维，其特点是单刀直入，先提出主张再具体说明。例如，① Soccer is a very difficult sport. ② A player must be able to run steadily without rest. ③ Sometimes a player must hit the ball with his head. ④ Player must be willing to bang into and be banged into others. ⑤ They must put up with aching feet and some muscles.

英语国家的人说话时，先点题（在此段话中表现为第①句），再具体分析（在此段话中表现为第②③④⑤句），而中文语篇则体现出"螺旋式"思维，曲折迂回，先说明理由再提出主张。如果用汉语表达上段话的意思则为：足球运动员必须能不停地奔跑，有时候得用头顶球，撞别人或被别人撞，必须忍受双脚和肌肉的疼痛，所以足球运动是一项难度很大的运动。

由此可以看出，中文的表述隐喻婉转，先说明理由再提出主张，和英文有很大不同。因此，要想提高英语口语能力，与英美国家人交流时应注意两种思维方式的转换，以便更好地沟通。

（二）口语教学中多元文化的影响

1. 语言态度的影响

英语作为国际通用语言，非母语使用者人数已经超过母语使用者。面对这一现实，从事英语教育或学习的人应充分认识到英语学习的目的已不局限于同"英、美、加、澳"等母语使用者进行交流，而是运用英语与来自不同背景的人进行跨文化交流。所以，英语教学面临双重任务：调和、认清英语各文化背景间的不同，以保持国际交流中的互通性，也就是教授地道的标准英语；同时，照顾到英语的最大使用者群体，即非母语使用者的社会及心理需求，在口语教学中，应增加学生对多元化语境的感性认识，熟悉各种英语文化，培养学生开放、宽容的语言态度，即对多元文化英语的容忍度，提高跨文化交际的意识和能力。

2. 自然语言的影响

英语的多元文化首先是语言上的差异，在口语训练中需要有所革新，适当增加多元文化语境的能见度，在所选的口语教材中增加自然语言的分量。例如，按照日常场景进行真实谈话，这些话语含有重复、省略、简化、停顿，世界各地不同的口音，甚至含有不合语法规则的成分。要使学生能够掌握英语中各种自然表达方式，口语课不能只固定采用一套教材，而应该添加辅助的听力材料，特别是真实的录音材料。因为，在现实生活中，人们的语言千差万别，口语课的教学内容也应该丰富多样，应让学生听到和习惯各种文化背景下的口语语境，以增加学生学习的灵活性，适应时代需求。

3. 激发学生参与度

在口语学习中，交际的动机及对英语国家的社会、文化的认同态度，对学生参与动机起到决定作用。学习口语的目的是把英语作为交际工具使用。当今社会多元文化发展迅速，口语课堂也应随时代而不断进步，所传授的知识必须与时俱进，适应社会需要。应让学生拥有将英语作为交际工具的动机支撑，并且对英语国家的文化差异有主动学习了解的欲望，因而，学生学习、参与的态度应是积极主动的，效果才是明显的。教师应从主观上对英语的多元文化有丰富的理解，从对英语国家的社会文化认同方面增强学生学习的积极性，调动学生的参与精神。教师更需要考虑学生走出校门能否用到所学的知识，能否真正用所学的知识进行交流。所以，教师应给学生讲授具有实际操作性的知识。

4. 文化意识的影响

促使学生对文化产生兴趣并培养学生主动学习文化的意识，是口语教学的一个重要方面。教师在授课过程中应该有意识地给学生介绍关于不同国家、不同文化之间的差异知识，激发学生的兴趣。教师在关于英语口语资料讲解中，可以给学生提供视频资料，直观地体现不同文化在生活中的不同表现，也可以让学生分成小组，对英、美两个国家文化上的不同点进行对比。学习一种外语要适应一种外国文化，在基于文化差异的英语口语教学中，教师需要激发学生的文化意识，才能习得更加地道的英语，培养学生的英语思维，对英语水平的提高也很有必要。

第三节 高校英语的阅读教学

一、高校英语阅读教学的目标与内容

（一）高校英语阅读教学的目标

第一，高校英语阅读的基础目标：能基本读懂题材熟悉、语言难度中等的英语报刊文章和其他英语材料；能借助词典阅读英语教材和未来工作、生活中常见的应用文和简单的专业资料，掌握中心大意，理解主要事实和有关细节；能根据阅读目的的不同和阅读材料的难易，适当调整阅读速度和方法；能运用基本的阅读技巧。

第二，高校英语阅读的提高目标：能基本读懂公开发表的英语报刊上一般性题材的文章；能阅读与所学专业相关的综述性文献，或与未来工作相关的说明书、操作手册等材料，理解中心大意、关键信息、文章的篇章结构和隐含意义等；能较好地运用快速阅读技巧阅

读篇幅较长、难度中等的材料；能较好地运用常用的阅读策略。

第三，高校英语阅读的发展目标：能读懂有一定难度的文章，理解主旨大意及细节；能比较顺利地阅读公开发表的英语报刊文章，以及与所学专业相关的英语文献和资料，较好地理解其中的逻辑结构和隐含意义等；能对不同阅读材料的内容进行综合分析，形成自己的理解与认识；能恰当地运用阅读技巧。

（二）高校英语阅读教学的内容

无论哪种教学，教学内容都必须以教学目的为出发点。英语阅读教学目的在于培养学生的阅读能力，使学生能够通过阅读英语材料获取所需信息。基于这一目的，高校英语阅读教学应包括以下几方面内容：①辨认语言符号，猜测陌生词语的意思和用法；②理解概念及文章的隐含意义；③理解句子言语的交际意义及句子之间的关系，通过衔接词理解文章各部分之间的意义关系；④辨认语篇指示词语，确定文章语篇的主要观点或主要信息；⑤从支撑细节中理解主题；⑥总结文章的主要信息；⑦培养基本的推理技巧；⑧培养跳读技巧；⑨培养览读技巧；⑩将信息图表化。

二、高校英语阅读教学的现状

培养学生的阅读能力是高校英语教学的首要任务之一，也是掌握语言知识、打好语言基础、获取信息的重要渠道，但在高校英语教学中一直存在一些问题。

（一）阅读教学中学生的学习现状

1. 阅读教学中学生易受母语思维影响

受文化与思维方式影响，英汉两种语言在遣词造句上有较大不同。例如，英语句子中只能有一个谓语动词，动词受形态变化约束，是句子的中心，并借助连接词，把句子的其他各个语法成分层层搭架，呈现出由中心向外延扩展的"分岔式"结构。汉语通过多个动词的连用或流水句形式，按照时间先后顺序和事理推移方式，把一件件事交代清楚，呈现出一线形的"排调式"结构。

又如，中文习惯于将次要的描述性信息放在句子前部，将重要的信息放在句子的后部。与之相反，英文句式的表达特点是将重要信息放在句子前部，将次要信息置于句子后部。学生如果能够对中英句式上的差别熟练掌握，在阅读中可以适当分配注意力，提高阅读的速度和效率。因此，在英语阅读教学中，教师的教不应局限在语言知识的讲解上，还应注重对学生进行跨语言文化的思维训练。

2. 阅读教学中学生易受阅读习惯影响

阅读习惯对阅读学习有着最直接的影响。每个学生都有自己的阅读习惯，良好的阅读习惯能够让学生在短时间内获得最多的信息，而不良的阅读习惯会抑制阅读的成效。例如，①用笔或手指着，一个字一个字地读；②读出声来或在心里默读；③重复阅读前面读过的内容。这习惯降低了阅读效率，也严重影响了阅读学习效果。对此，在教学过程中，教师应及时发现和纠正学生的不良习惯，培养正确的阅读习惯，帮助学生提高阅读和学习效率。

3. 阅读教学中学生背景知识掌握欠缺

学生是教学主体，是影响教学效果的主要因素，学生方面存在的问题在很大程度上制约英语阅读教学的顺利开展。就目前来看，学生背景知识欠缺的问题比较严重。

缺乏必要的背景知识是造成阅读困难的主要原因之一。背景知识指学生掌握的各种知识，包括语言知识本身、文化背景知识和学生已有的各种生活经历与经验。丰富的英语文化背景知识能够促进学生英语阅读能力的提高；反之，背景知识的缺乏，则会造成阅读理解的误解或困难。就目前来看，我国学生普遍缺乏英语文化背景知识，对英语国家的历史、地理、文化等不够了解，制约了英语阅读教学的顺利开展。

例如：The eagle always flew on Friday.

"eagle"是美国国家象征，经常出现在美国钱币上，"eagle"在这里喻指美国钱币，这句话是想表达"美国人总是在周五发工资"，如果将其理解为"老鹰通常周五都飞来"就大错特错。所以，学生只有进行广泛阅读，多了解英语国家的背景知识，才能提高阅读速度，保证阅读理解的准确性。

（二）阅读教学中英语教师的教学现状

1. 阅读教学中教学方法缺乏创新

目前，一些高校英语教学仍旧采用传统的机械式教学法，包括：课前预习；课中概括介绍，解释难点，提问问题；课后记忆，但这种教学方法存在很多不足。

①学生没有如何进行课前预习的明确目标。

②课中一直是教师的介绍，学生并未参与其中。

③单纯的理解性练习只能检测学生理解的结果，并不能检测学生的理解能力。

总而言之，这种缺乏互动式的教学法必然将学生局限在教师的知识圈中，不能提高学生群体的世界知识和理解技能。

2. 阅读教学中应试教育的倾向严重

在我国英语阅读教学中，还存在应试教育倾向严重的问题。教师在阅读教学过程中注重对应试技巧的讲解，忽视学生阅读能力的提高。例如，高校英语四、六级考试皆为笔头考试，尽管对英语教学起到一定正面反馈效应，但是在语言表达上仅仅是作出判断。又如，在进行各类水平测试时，只要抓住其中的重点词，问题就能解决，使学生的阅读水平局限在粗略理解上，不能得到真正意义上的提高。即使有的教师清楚应试教育对学生能力培养具有一定阻碍作用，但是迫于教学压力和业绩等因素，没有精力进行改变。但是，教师在英语教学中的作用十分重大，这些问题除了需要教师提高自身专业水平之外，同样需要相关教学部门的支持与协作。

3. 阅读教学中教学观念需要改变

英语阅读教学目前在教学观念上仍然存在比较严重的问题。很多教师只重视知识的传授，一味地讲解生词，逐句逐段分析，然后核查答案，忽视了对学生阅读理解能力的培养，甚至忽略了学生在学习过程中的主体性。阅读作为一种重要的语言技能，能力的培养对于学生分析、思考和判断能力的提高十分有利，对于提高学生的人文素养、激发学生学习兴趣、开阔学生视野、提高学生综合语言运用能力也具有重要意义。教师应该意识到，阅读是学生主体性的、个性化的行为，教师不能以自己的分析代替学生的阅读实践。对此，教师必须努力改变英语阅读教学中旧有的观念，提供学生阅读和锻炼的机会，帮助学生提升阅读水平，从而提高阅读教学质量。

（三）阅读教学中教学环境的现状

1. 阅读教学中课程的设置不够合理

阅读教学是英语教学中一个重要组成部分，但是目前在教材和课程设计上存在许多问题。首先，阅读教学的教学目标和计划不够明确，在课时、师资等方面得不到有力保障，影响了阅读教学整体效果的提升。其次，阅读能力的培养是一个循序渐进的过程，在不同的学习阶段，课程的侧重点应不尽相同。阅读课程只重视阅读技能的训练，在连贯性方面却没有做到位，缺乏必要的过渡。以上都是英语教师需要注意并改善的方面。

2. 阅读教学中教材设计不合理

教材是教学的重要指导性资料，在一定程度上影响教师的教学内容、教学方向。纵观我国英语教材，在设计上皆存在不合理的现象，在整体上缺乏内在的连续性。具体而言，我国高校教材注重阅读技能的训练，虽然从表面上看，教材设计本着层层深入的原则，在教学的不同阶段侧重性和针对性十分明显，也符合学生具体的学习和认知规律，但是存在严重的过渡问题，也就是前一个学习阶段和后一个学习阶段缺乏一定的承接性。这种教材脱节的现象，在一定程度上影响了教学效果，对英语阅读教学也有很大的阻碍。阅读教学过程应该遵循循序渐进原则，在不同的学习阶段，应使学生接触到不同程度的英语阅读材料，但由于教材的脱节，学生的阅读训练缺乏整体性，学生跟上原本的阅读进度已经感到吃力，更何谈提高英语阅读能力。从教材内容上看，入选或入编的主题和篇章结构性不足，所选社会科学主题、人文科学主题和自然科学主题在量的方面不均衡，主题筛选的广度和深度有待提高。教材的编写缺乏与学生生活的联系性，学生对阅读的兴趣便得不到激发。

三、高校英语阅读教学的策略

（一）阅读前的策略

开展阅读前的活动十分有必要，因为可使学生在短时间内了解所要阅读材料的相关信息；激活有关话题的背景知识；使学生尽快进入文章角色；激发学生阅读兴趣，为下一步阅读奠定基础。

第一，清除障碍。在造成学生阅读困难的因素中，词汇无疑是最重要的一个因素，因此，教师有必要在阅读教学的过程中，通过对话、故事、图片等形式向学生灌输词汇，扫除词汇障碍，从而更好地帮助学生阅读。教师还可以指导学生进行课前预习，并适当布置预习题，不仅可以使学生明确预习目标，还可以培养学生自主学习能力和自主学习习惯，同时为课堂教学的顺利进行做好心理和知识准备。此外，这种具有针对性的预习还可以增加课堂容量，加快课堂节奏，使学生在有限的时间里学到更多的知识。

第二，以旧引新。以旧引新指以旧的语法知识引出新的语法知识。在具体的教学过程中，一种语法会出现在几个单元里，教师应依据这一特点，在教授时不断、重复地提及这一语法，以增强学生的记忆。在英语学习过程中，语法的难度是呈递进趋势的，教师在教授新的语法点时，可结合旧的语法知识，通过复习旧的语法知识，引出新的语法知识，从而实现知识的再现和滚动。

第三，了解背景知识。学习一门语言不单单是学习语言的词汇、语法、句子，还要学习这门语言所承载的文化。因此，在阅读前教学中，教师有必要向学生介绍与文章有关的社会文化背景知识，不仅能够使学生更好了解阅读内容，还能够激发学生阅读兴趣，提高学生学习主动性。

第四，预测情节。有效预测情节可促使阅读顺利地完成。教师可在课前指导学生根据题目或关键词大胆地想象，预测故事情节，从而激发学生的好奇心，调动学生阅读的积极性。具有针对性的预测情节不仅可以巩固学生已有的知识，还可以培养学生的逻辑推理能力，有助于学生准确把握文章主旨。

在具体的教学过程中，教师可依据文章题目引导学生预测课文内容，不论预测的内容正确与否，对学生理解文章内容都有帮助。此外，教师可以指导学生依据关键字预测文章内容，充分发挥学生的想象力，提高学生的阅读能力。

（二）阅读中的策略

1. 确定主题思想

理解文章的关键是确定文章的主题思想，要确定主题思想，首先需要确定主题句。文章的中心思想（也就是作者的基本思路）往往是通过主题句表现出来的。所以，寻找主题句对文章中心思想的确定、文章的理解至关重要。

（1）主题句在段首

一般而言，作者在写文章时首先引出一个话题，然后针对话题展开详细论述，所以主题句常出现在段首，而且将主题句置于段首，最容易被读者把握。

例如：In a number of ways ,community college is making it easier for older students to attend college.For example ,the college now offers courses on Saturdays.Classes on those days appeal to those students who ,because of work or family responsibilities ,cannot enroll in courses during the week.In addition ,many departments in the college have begun to offer credits for life experience ,so students with the work needing to travel outside their cities or their countries can complete their degrees more quickly. Finally ,the president of this college has announced that the students would attend classes if they had a pleasant and safe place to leave their children.

通过阅读不难发现，文章的段首就是文章的主题句，其分述部分由信号词"for example"引出，叙述连贯，条理清晰。

（2）主题句在段尾

主题句位于段尾的情况也十分常见，此时的主题句通常是对上文的总结，或是对上文描述提出的建议。

例如：We now have ,as a result of modern communication ,hundreds of words flung at us daily. We are constantly being talked at by teachers ,preachers ,salesmen ,public officials ,and motion-picture sound tracks.The cries of advertisers pursue us into our very homes ,thanks to the radio ,and in some houses the radio is never turned off from morning to night.Daily the newsboy brings us.in large cities ,from thirty to fifty enormous pages of print ,and almost three times that amount on Sunday.We go out and get more words at bookstores and libraries.Words fill our lives.

文章的最后一句"Words fill our lives."为文章的主题句。

（3）主题句同时位于段首和段尾。主题句同时位于段首和段尾，就是文章主旨在段首和段尾同时概括出来，这种情况在文章中最为常见。段尾的主题句并非只是对段首主题句的重复，而是对段首主题句的进一步引申和呼应，而且多数情况下，两者在用词和句型结构方面也存在差别。

（4）主题句在段中

主题句位于段落中间的情况也是有的，此时主题句之前的句子多为主题句的铺垫，目的是引出需要论述的主题，而主题句之后的段落，则是对主题的进一步阐述，以引申主题。

例如：A port is a place where ships stay when they are not sailing.Ships usually load or unload at a port.So a spaceport is a place where spaceships stay when they are not flying.It has special buildings where the spaceships are kept.It also has supplies needed for space travel.

段首的"港口是船不航行时停留的地方"并不是段落的主题句，该句目的是引出主题句：So a spaceport is a place where "spaceships" stay when they are not flying.（宇航港是宇宙飞船不飞行时停留的地方。）其后的内容是对主题句的进一步阐述和引申。

（5）主题句暗含于段落之间

在部分文章中，尤其是多段文章中，无论是段首、段尾还是段中，都很难找到明显的主题句。实际上，这类文章的主题句融入段落中，需要捕捉文章细节，概括文章大意。

例如：Early in the 18th century ,Captain Cook ,a very famous world explorer ,saw an unusual animal accidentally during his first visit to Australia.The animal had a large mouse——like head and jumped alone on his large legs.To his great surprise ,the unusual animal raising its young in a special pocket of flesh ,Cook pointed to the animal that was eating grass in the distance and asked his native guide saying ,"What's the name of the animal eating over there?" The guide appeared puzzled and finally said ,Kanga-roo.which Cook carefully noted in his notebook.The Europeans who later came to Australia were anxious to see what a kangaroo looked like but their requests were always met with puzzled looks.They soon discovered that the native who had answered Cook Js questions really meant ," I don't know what you're pointing at." Funnily enough ,the name"kangaroo" stuck and is still in use today.

上述描写均为细节描写，没有明显的句子可以作为段落的主题句。但通读全文，结合细节信息，不难概括出文章的中心思想：Some words have funny and strange origins。

2. 快速粗读全文

略读实际上是一种以尽可能快的速度粗读全文，获取文章主题大意的阅读方法。所以，略读可以称得上是一种选择性阅读。略读不要求逐词逐句地阅读，只需选读每段的首、尾句，只要指出段落的主题句，抓住阐述主题的主要事实或细节即可。在采用这种方法进行阅读时，学生可有意识地略过一些词语、句子，甚至段落，对于细节或例子则无须关注。

（1）注重文章的题目、小标题、黑体字、斜体字及画线部分

文章的题目常常是文章内容的宗旨，利用标题能够帮助我们预测文章的主旨大意。小标题是各部分内容的概括和浓缩，而黑体字、斜体字和画线部分是提醒学生这一部分是很重要的信息。所以，在阅读过程中有必要对文章的题目、小标题、黑体字、斜体字以及画线部分加以注意。

（2）重点阅读文章的首尾段以及段落中的段首和段尾

文章是由段落组成，段落是由句子构成，这些逻辑关系之间存在一定章法。许多文章的第一段是对全文主要内容的概述，而最后一段作结论。段落的首句是主题句，末句是结论句。所以，重点阅读文章的首尾段以及段落中的段首和段尾，有助于阅读的顺利进行。

（3）留意关键词语。关键词可以反映在特定场景下谈论话题的内容，而且同文章主题有关。因此，利用关键词可以推测文章主题。

（4）重视关联词语

英语中常见表示逻辑关系的关联词语，可以有效帮助学生预测上下文的关系，预测和判断作者的观点和思路。所以，在阅读过程中要对关联词引起足够重视。

四、高校英语阅读教学的文化影响

（一）英语阅读中文化差异的影响

1. 对联想意义的影响

由于中西方文化背景不同，人们对同一事物的理解各不相同。例如，"dragon"一词给西方人和中国人引起的心理反应有很大不同。中国人历来把"龙"视为"吉祥"和"权力"的象征，因而我们的语言里有"龙飞凤舞""望子成龙"等一系列习语。在西方的文化中，"龙"被看作是怪兽，在俗语中"龙"被认为是"凶狠的人"。如果对一位英国朋友说："I wish your son to be a dragon."这位朋友一定不高兴。同一篇文章，不同文化背景的人会读出不同的感受。

2. 对成语典故的影响

语言不仅是文化的重要组成部分，而且还是文化的载体。每一种语言都是一个国家文化发展的产物，有其悠久的历史背景和丰富的文化内涵。每个国家都有其独特的发展历史、生态环境、民情风俗，因此每一种语言都有特定的负载文化词汇、成语典故等反映这些观念和事物，导致非母语学生理解这些词时遇到障碍。

(二) 阅读教学中多元文化的影响

1. 循序渐进的影响

由于学生的语言水平参差不齐，在阅读教学基础阶段，教师在选择导入内容时不应选择较难理解的文化知识，而应按照循序渐进的方式，由浅入深、由简单到复杂地逐步导入相关的文化知识和内容。此外，教师在导入英语国家文化背景知识时，应选择与学生生活密切相关的内容，或将要导入的内容与学生的生活联系起来，才能更好地激发学生学习英语的兴趣和热情。

2. 关联性的影响

所谓关联性，即要求阅读教学中导入的文化知识应与材料主题、文章作者、写作背景等相关的文化背景知识为主。因为这些信息往往影响文章的写作，继而影响学生对语篇的理解。所以，教师在阅读教学中导入文化知识时，需要对此给予足够重视，从而帮助学生更准确、深刻地理解所读材料。需要指出的是，关联性原则虽然要求教师在阅读教学中包含背景知识，但必须在不影响材料本身讲授的基础上开展，文化导入应占据适当比例，不能喧宾夺主，将阅读课变成文化课。在此前提下，教师还应进一步保证所导入的文化背景知识的基础性、相关性和必要性。

3. 因材施教的影响

不同的学生有着不同的个性、语言水平。在以学生为主体的教学理念指导下，英语阅读教学必须按照因材施教的方式进行，要求教师选择合适的教学方法满足不同水平、不同目标学生的特殊需求，使每个学生都能得到阅读技能的提升。

第一，对于阅读能力较差的学生，教师应选择较容易的文化阅读材料（如短小的故事等），设计相对较简单的问题。当学生回答问题正确时，会产生成功的喜悦感，找到学习的自信和乐趣，才会以更大的热情投入阅读学习中。

第二，对于阅读能力较强的学生，教师可选择具有挑战性的阅读材料（如世界名著、期刊等），同时布置富有挑战性的任务，让学生在开阔视野、增长见识的同时，挑战新的高度，从而达到更高水平。

4. 多样化的影响

（1）导入内容的多样化

导入内容的多样化要求教师做到两点：第一，所选材料应经常变换体裁，不可局限于一种体裁，这样才能满足学生的多样化需求，使学生熟悉各种体裁文章的不同行文特点，提高阅读理解的准确性；第二，所选材料不可局限于一类主题，而应经常变换题材，才能增加学生的不同文化知识,以提高阅读理解水平。

(2)导入形式的多样化

导入形式多种多样,主要有以下方向:第一,根据实际情况,运用比较、融入、注释、体验等方法导入相关文化知识;第二,通过图片、视频、音频等材料,对某一个文化现象进行解释和说明,让学生从真实的文化环境中了解与掌握语言所负载的文化内涵,体验英语国家的文化。需要注意的是,作为教学活动的引导者和组织者,教师扮演文化传承的角色,除了要在文化导入过程中注意上述方面以外,还要在课内外不断加强自身文化素养,并能在阅读教学过程中融入相关的文化背景知识和内容,讲授语言深层的文化内涵。

5. 导入文化的影响

(1)差异对比

英汉文化差异巨大,无论是从方法上而言,还是从内容上而言,都有助于调动和培养学生学习的直接兴趣。通过对比英汉两种文化之间的差异,可让学生明白不同的语言及语言背后不同的文化,了解不同的语言有着不同的习惯表达方式。通过文化差异对比,增强学生的文化感悟力。需要注意的是,文化差异的比较不应局限于课本所提供的材料,还应该透过语言看文化,通过课本提供的语言材料,了解与把握其中蕴含的民族文化语义,使枯燥无味的词语讲解和篇章结构分析变得生动活泼、有滋有味,才能激发学生的学习兴趣,使学生既能学到英语语言知识,又能领略英语国家的文化。

(2)教师介绍

教师是学生获得相关英语文化知识的重要来源,因此应该充分发挥自身作用,在英语阅读教学中通过介绍和讲解导入文化知识。在阅读理解课堂教学中,教师可以结合教材,有计划地安排专题,介绍英美国家文化背景知识。

(3)课外阅读

英语阅读教学不应该局限于课堂教学。课堂教学时间有限,教师应该引导学生充分利用课外时间阅读,能够接触到更多的英语文化知识。教师还可以向学生推荐有关英美国家文化知识的书籍,包括小说、杂志、报纸等,鼓励学生通过广泛阅读,不断增加、积累英美国家的文化背景知识。

(4)角色扮演

在阅读教学中,教师可以紧密结合教学内容,根据日常生活中的交往习俗,按照不同功能,如 greeting、asking the way、shopping 等设计相关情景,让学生对所设计情景进行分角色演绎,"增强学生的学习兴趣,激发学生对课堂学习的参与性,并提高学生对文化知识的实际运用能力"[①]。

---

① 周晓娴. 多元化文化理念与当代英语教学策略研究 [M]. 天津:天津科学技术出版社,2017:101.

第四节 高校英语的写作教学

一、高校英语写作教学的目标与内容

（一）高校英语写作教学的目标

第一，高校英语写作的基础目标：能用英语描述个人经历、观感、情感和发生的事件等；能写常见的应用文；能就一般性话题或提纲以短文的形式展开简短讨论、解释、说明等。语言结构基本完整，中心思想明确，用词较为恰当，语意连贯；能运用基本的写作技巧。

第二，高校英语写作的提高目标：能用英语就一般性的主题表达个人观点；能撰写所学专业论文的英文摘要和英语小论文；能描述各种图表；能用英语对未来所从事工作或岗位职能、业务、产品等进行简要的书面介绍，语言表达内容完整，观点明确，条理清楚，语句通顺；能较好地运用常用的书面表达与交流技巧。

第三，高校英语写作的发展目标：能以书面英语形式比较自如地表达个人观点；能就广泛的社会、文化主题写出有一定思想深度的说明文和议论文，就专业话题撰写简短报告或论文，思想表达清楚，内容丰富，文章结构清晰，逻辑性较强；能对从不同来源获得的信息进行归纳，写出大纲、总结或摘要，并重现其中的论述和理由；能以适当的格式和文体撰写商务信函、简讯、备忘录等；能恰当地运用写作技巧。

（二）高校英语写作教学的内容

英语写作是将清晰缜密的思维，以"论点+论据"的形式表现出来，是一种对英语综合能力的表现，包含对语言的逻辑分析、组织、运用表述的各项能力。

第一，发现论点。发现论点的主要知识点包括：主题句的位置与构成，主题句的写作要求。发现论点能力的培养要求：让学生了解主题句，如何写一个合格的主题句。

第二，开头与结尾段落的写作。开头与结尾段落写作的主要知识点包括：开头与结尾段落的主要写作手法。开头与结尾段落的写作能力培养要求：让学生了解如何写作文的首段与结尾。

第三，写作过程。写作过程的主要知识点包括：构思的主要方法，如自由写作、提问、草拟提纲等；修改的步骤。能力培养要求：让学生明白优秀的作文开始于好的构思以，及修改作文的必要性与具体步骤。

第四，段落一致性。段落一致性的主要知识点包括：具体细节与恰当细节的应用。段落一致性能力培养要求：使学生学会用具体论据支持论点。

第五，段落的连贯与过渡。段落的连贯与过渡的主要知识点包括：组织论据的常用方法，如时间顺序、举例、因果、对比、定义、分类等；过渡词以及其他连接手段的应用。段落的连贯与过渡能力培养要求：让学生了解如何组织、连接论据支持论点。

第六，遣词造句。遣词造句的主要知识点包括：学习排比、前后一致、用词简洁而具体、变换句型；修改作文的主谓不一致、悬垂修饰语，修饰语错位、破句、黏连句等错误。遣词造句能力培养要求：通过对遣词造句技巧的介绍，让学生学会在写作中正确选词、用词，并能构建形式、结构多样的英语句子。

二、高校英语写作教学现状

英语写作能力是英语语言能力的一个重要组成部分，但长期以来，我国学生的英语写作能力一直没有得到有效提高。在全国高校英语四、六级考试中，学生"听"和"读"的成绩在近年来有明显进步，但写作成绩少有改善。

（一）写作教学中学生自身的学习现状

1. 思想认识方面

我国英语写作教学中还普遍存在教师既不愿意"教"，学生也不愿意"练"的问题。从学生角度看，写作涉及语言和内容两个方面，学生存在语言表达困难、缺少及时反馈等问题。如果学生得不到及时、有针对性的反馈，会进一步影响他们提高英语写作能力的积极性。

2. 重模仿、轻创作

重模仿、轻创作是我国英语写作中较为常见的问题。尽管模仿是写作教学的起始状态，也是学习写作的必经阶段，更对我国学生（尤其是初学英语写作的学生）学习写作起到促进作用，但模仿并非写作的最终状态，虽然能够提高学生写作学习的效率，但过度模仿并不利于学生写作能力的持续发展。写作不仅是一种个体的心智行为，更是一种创造过程。从构思、行文到修改，写作过程始终体现着作者的个性特点与独立思考能力。写作过程中的意义和价值是由学生创造而来，一味地模仿必然会抑制学生的写作积极性与主动性，进而影响学生写作动机和兴趣。

（二）写作教学中英语教师的教学现状

1. 写作教学中的系统性不足

（1）教学目标

英语写作技能培养需要一个循序渐进的系统过程，首先体现在教学目标的系统性上，这是实现英语写作目标的基本保证。

英语写作目标缺乏系统性，是因为总体目标（针对学生的生理、心理特征，结合写作教学的自身规律，并在英语课程要求中明确规定的总体任务）与阶段性目标（根据总体目标制订的一系列的阶段性目标）之间互不协调，总目标与子目标之间连贯和衔接的科学性严重缺失。造成这一现状的原因可能是显性目标与隐性目标系统不平衡导致，也可能是教师对写作的目标体系与学生实际写作之间关系的模糊认识造成的。因此，学校、教师必须克服不利因素，把握英语写作教学的总体目标和阶段性目标。

英语写作教学目标之所以难以实现，一个主要原因是教师对英语写作教学目标与学生实际之间关系的认识不清。事实上，目标是教师和学生对学习结果的期待，是一个未实现的状态，教学目标与学生实际之间必然存在一定差距，适当的差距对学生写作能力的提高是有利的，而过大或过小的差距则不利于学生写作能力的提高。基于这一点，英语写作教学可被视为帮助学生向目标逼近的过程。英语教师和学生可以借助目标与实际之间的距离，设定教学或学习步骤，并熟悉实现每一环节目标的条件、困难和可能性。否则，教师对写作教学的目标与学生实际之间的关系和意义认识不清，将会导致行动和反应上的迟缓，直接影响写作教与学的质量。

（2）教学方法

英语写作教学系统性不足还体现在教学方法上。所谓方法，是一种对活动程序或准则的规定性，是一种能够指导人们按照一定程式、规则展开行动的活动模式。系统性是英语写作教学方法的内在规定，是有效运用教学方法的重要基础。教学方法实际上是整个教学系统的一个子系统，与教学目的、教学内容及师生间的互动联系较为密切。因此，不同的教学目的、内容、师生关系应该对应不同的写作教学方法和运作。不同的内外条件，写作教学方法的系统运作会呈现不同的水平和层次。英语写作教学方法的运作必须根据教学系统中的各项组成部分实施，否则会造成各种矛盾和冲突，影响写作教学的效率。对照我国英语写作教学中所使用的教学方法可以看出，这些方法大多是无效的、失败的。

（3）写作指导

写作的指导思想对写作教学质量的影响极大。写作技能和写作能力的生成，虽然需要通过大量练习获得，但多练不等于泛练。如果写作练习缺乏目的性，即使花费很多时间也是无用。另外，从遣词造句到段落和篇章的生成，从撰写记叙文到写议论文，从构思、行文到修改，整个写作是一个由浅入深的系统操作过程。因此，教师对学生的指导也应具有系统性。然而，我国英语写作教学大多缺乏这样一种系统性，教师教的时候及学生写的时候都没有一个明确的目标，更没有一个长远规划，而是跟着教材随机教授写作方面的知识和技能，降低了写作教学效果。

2. 写作教学中重形式、轻过程与内容

长期以来，我国英语写作教学一直存在重形式、轻过程和内容的问题，导致这一问题产生的原因有如下两点。

（1）欠缺英语思维

英语写作教学中，教师强调学生要用英语思维进行写作，避免使用中式英语。然而，要做到这一点十分困难，对部分中国学生而言，汉语思维模式已经根深蒂固，认为英语写作中侧重语言形式的作用是必然的，要使英语思维成为习惯是极为不易的。所以，在英语写作教学中，重视文句的规范性与文章结构，忽视文章的内容和思想的现象仍然存在。部分教师将文章结构和语言形式看作写作教学的主要内容，而初学写作的学生更是将学会把握文章结构和形式视为写作学习的终极目标，最终使写作的教与学流于形式，很难触及写作核心。

（2）受历史传统影响

在早期的英语写作中，为了快速写出一篇符合要求的英语文章，人们常常模仿类似文章的语言形式和文章结构写作。长期以来，教师和学生都将形式作为英语写作教学的重点，而忽视写作过程和内容，将写作变成一种模仿而非创造。事实上，内容和过程对写作而言，也是很重要的。一篇好的文章应该具有丰富、深刻的内容，而这些内容仅仅依靠对形式的模仿是无法实现的。语言的形式和文章的结构仅是作者表达思想和情感的一种手段，学生能否把握文章的结构和格式固然重要，但过分强调它们的作用显然并非好事。文章的思想和观点是写作和写作教学的根源，文章结构和语言形式是写作和写作教学的支流，根源上得不到保证，支流显然会失去存在的基础。因此，英语写作教学必须处理好源与流、本与末、主与次的关系，在注重写作形式教学的同时，还要重视写作内容的教学以及学生写作能力的培养。

3. 写作教学中教与学颠倒的现象

写作教学并非一种知识性课程，学生的写作技能无法依靠教师的讲解获得，其原因包括：第一，写作是一种实践性活动，涉及写作的技巧和能力。写作教学应该以学生的实践和操练为主，以教师的知识传授为辅。第二，写作教学的目的在于提高学生的写作能力，应该是学生个体的活动，从构思、写作到文章修改，都应该使学生参与其中，教师过多地讲解只会耽误学生的写作时间，进而影响学生写作的积极性和主动性。然而，我国英语写作教学一直存在教与学相互颠倒的现象，主要体现在以下两个方面：

一是写作教学中存在教师大量讲解理论知识的问题，使学生，尤其是初学写作的学生很容易产生负面情绪，丧失写作兴趣，最终影响英语写作教学目标的实现。

二是教师常以自己的写作经验为基础指导学生写作，对学生使用不恰当的话语指令或规则指导学生，剥夺学生的话语权，限制学生的独立思考，简化学生写作过程的心理体验，遏制学生写作中的创造性，使学生产生盲从心理，颠倒了写作教学中的师生地位，也很容易使学生在写作过程中，在构思、行文和情感体验上出现雷同现象，写作创造能力得不到真正提高。

4. 写作教学中批改的方法缺乏有效性

作文批改的方式方法也是写作教学中存在的一个显著问题。部分教师在批改作文时，仍将重点放在纠正拼写、词汇及语法等方面，忽略了学生在写作过程中思维能力的培养，造成学生过分追求写作时的语言正误，而忽视对文章结构、逻辑层次的把握。另外，教师对学生作文的批语也同样重要。有的教师一味指责学生写作中的错误而缺少鼓励，会制约学生写作的主动性，导致他们消极应付、望而生畏，对自己写作中出现的错误不能及时改正。

（三）写作教学中教学环境现状

1. 课程设置不合理

除英语专业以外，我国部分英语写作教学是被纳入英语整体教学中的，而并未被独立出来进行专门教授，教师很容易因为课时有限而无法花费较多时间组织学生写作，学生也会误以为写作学习并不十分重要。如此一来，不仅写作教学本身得不到时间保障，学生也会产生轻视写作的思想。

2. 缺乏相关教材

目前，我国英语教材大多是集语音、词汇、语法、听、说、读、写、译于一体的综合性教材，关于"写"的专门教材相对较少，即使在英语整体教学中，虽然每个单元都会涉及写作练习，但并未形成一个科学系统，也缺乏一定指导，学生的写作练习多处于被动地位，对写作学习而言是极为不利的。

（3）教学改革滞后

随着英语教学改革的不断深入，英语教师对写作教学有了一定的新认识。尽管如此，英语写作教学方面的改革仍然相对滞后。学生英语思维能力的多方位、多角度、发散性、创造性、广阔性和深刻性仍然没有得到足够重视和训练。此外，作为英语教学的一部分，写作应和阅读、口语、听力、翻译等教学有机地联系起来，而在实际英语教学过程中，教师并未真正把写作教学与其他教学融合在一起，而是孤立地教授写作，不利于学生对英语学习的全面认识，也不利于学生对写作学习的深入了解。

三、高校英语写作教学策略

（一）选题的构思方法

文章写作的各个过程离不开构思，构思是写作的基础。选题构思常用的方法有自由写作式、思绪成串式、利用五官启发式等。

1. 自由写作式

自由写作式指在看到文章题目之后，在大脑中开始思考，并将思绪无限拓展，然后将所想到的观点和信息记录下来，再返回阅读记录的内容，从中选取认为有用的信息。这样的构思方式不受限制，写作框架也就自然形成。例如，写一篇题为"How should we spend our spare time"的文章，思路可以是这样：

How should we spend our spare time?Go to a park,go fishing,play basketball,sports,do homework,read books,newspapers,magazines,visit friends,go to movies and play computer games?No,it's not good. Waste time. We'd better finish the work first. Do some homework...

2. 思绪成串式

思绪成串式指将主题写在纸中间一个圆圈里，然后将所能想到与主题相关的关键字写下来，画个圈。接着对所写出的关键字进行总结归纳，最后确定写作思路。

3. 五官启发式

五官启发式是从看到的、听到的、闻到的、尝到的、触摸到的方面进行思考，搜寻与题目有关的材料和信息。通过五官寻找与主题相关的材料，思路会逐渐打开，最后的写作思路自然很容易确定。例如，写一篇"My Best Friend"的文章，可通过以下方式开始：

视觉：He has a round smiling face.He walks slowly for he enjoys talking while walking.He likes to swing his pen in his hand when he has nothing to do with his hands in class.He often makes faces when he's happy.He does his homework quickly and often helps others and me with math problems.He likes to play ping pong with me.

听觉：He whistles a tune when he is alone.He can talk on and on about computer games.Whenever he understands something'he is always saying'"oh,I knowI know."

嗅觉：I could smell his feet and sweat in summer.This shows he enjoys sports very much in a way.

触觉：When we play ping pong,I can feel his toughness and strength.And he is quite good at it.

（二）文章的开篇方法

通常情况下，一篇文章会由三部分组成，即开头、中间和结尾，而一篇文章中的开头最引人注意，在英语考试中，如果文章有一个精彩的开头，那获得高分的概率则会很大。因为在有限的阅卷时间内，文章开头部分首先映入阅卷教师的眼中。

1. 开门见山

开门见山是在文章开始阶段提出观点，突出文章主题，明确陈述见解。这种开篇方式又称为"事实陈述法"或"现象陈述法"。

例如：As food is to the body,so is learning to the mind.Our bodies grow and muscles develop with the intake of adequate nutritious food.Likewise,we should keep learning day by day to maintain our keen mental power and expand our intellectual capacity.Constant learning supplies us with inexhaustible fuel for driving us to sharpen our power of reasoning,analysis,and judgment.Learning incessantly is the surest way to keep pace with the times in the information age,and reliable warrant of success in times of uncertainty.

2. 下定义

下定义是在文章开头给出必要的解释说明，以帮助读者理解。例如，题为 Financial crisis 的作文，可采用以下方式开头：

Financial crisis,also known as financial tsunami,refers to the dramatic deterioration of the financial indicators of a certain country or several countries and regions in the world（下定义）.It can be classified as currency crisis,debt crisis,banking crisis,sub—loan crisis,etc.The feature of the crisis is that people are pessimistic about the economic future because of monetary depreciation occurring throughout the region.The causes for the crisis are complicated with multiple reasons,mainly from three aspects：the U.S. consumption habits of borrowing,the idea of free economic management,and the economic environment and specific policy instruments.

3. 描写导入

描写导入是以描写背景为切入点，进而导入正题。

例如：Nowadays college students are seen waiting on tables,cleaning in stores,advertising in streets,tutoring in families and doing whatever work they can find.（描写作引言）It has become fashionable for college students to do some odd jobs in their spare time.（中心思想——打工的普遍性）

4. 以故事引入

以故事引入是以故事作为文章开头，然后引出下文。这种开篇方式很容易吸引读者的注意力，激发读者继续阅读的兴趣。

例如：Most of us may have such experiences：when you go to some place far away from the city where you live and think you know nobody there,you are surprised to find that you run into one of your old classmates on the street,perhaps both of you would cry out："What a small world!"（通过故事, 最终引出自己的观点）

（5）问答法。问答法是用英语的五个"W"和一个"H"开头的问句提问，可尽量多地提出问题，尤其是提问人们想知道的问题，然后根据问题确定写作思路。以问答开篇可以取得与以故事开篇一样的效果，也可以有效吸引读者的注意力，激发读者的阅读兴趣。

例如，写一篇题为 The Spring Festival 的文章，可采取以下方式开篇：

What is the Spring Festival?

What is the importance of the Spring Festival?

Who celebrate the Spring Festival?

When do people celebrate the Spring Festival?

Where do people go for the Spring Festival?

What do people do during the Spring Festival?

Why do people do those things?

Why do people celebrate the Spring Festival?

How long does the Spring Festival last?

How do people feel about it?

What are the symbols connected with the Spring Festival?

然后，给每个问题一个简短的回答：

The Spring Festival is the Chinese New Year.

The Spring Festival is the biggest Chinese traditional festival.

We Chinese people celebrate it.

We celebrate it either in January or in February according to the Chinese Lunar calendar.

People hurry home for the Spring Festival.

During the Festival,people like to wear new clothes,have a big family dinner,give lucky money to children and visit relatives and friends.In the past people would fire cracks to drive away evils.Now people like to stay at home watch CCTV Spring Festival Special Programme.

People do those things to show love and care to each other,and to wish for a happy new year.

People celebrate it because the Spring Festival is the beginning of a new year.

The Spring Festival lasts 15 days from the Spring Festival Eve to the Lantern Festival.

People feel very happy and enjoy the Spring Festival very much.

The symbols connected with the Spring Festival are the character of fortune,the lucky money,the couplets,etc.

之后内容的下面的写作思路就可以以上述这些问答为依据不断展开。

6. 数据法

数据法是在文章开头引用权威性统计数字，以增强文章的说服力。数据法有先主题后数据，先数据后主题之分。这里以先主题后数据为例：

As is reported that cell phones are becoming increasingly popular within China（引出主题）In 1999,the number of cell phones in use was only 2 million,but in 2002,the number reached 5 million.And in the year 2005,the number had suddenly soared to 9 million.（引出数据）

（三）段落的展开方法

段落展开的方法多种多样，在这里具体分析以下段落展开方式，即按时间展开、按空间展开、按定义展开、按过程展开、按分类展开、按因果关系展开。

1. 根据时间展开

按时间展开段落，指文章按照事件发生的时间顺序叙述展开，先发生的事情先写，后发生的事情后写。这种方法多用于记叙文。

例　如：By the time he was fourteen,Einstein had already taught himself advanced mathematics.He already knew what he wanted to be when he grew up.He wanted to study physics and do research.The problem was that Einstein's family did not have enough money to pay for his further education.Finally they managed to send him to a technical school.Later they were able to send him to an important technical college in Switzerland,which he entered in 1896 at the age of seventeen.He studied hard and received his degree at the end of his course.He wanted to study for a doctor's degree,but he did not have enough money.The question was how he could find enough work to support himself.First he worked as a teacher.Later he got a job in a government office.This work provided him with enough money to live on.Also he had enough time to study.He went on studying and finally received his doctor's degree in 1905.

2. 根据空间展开

按照空间展开段落，是文章按照一定的空间顺序和方位展开叙述，如从上到下、从左到右等，常用于描述景物或一个地方。

例如：One of the most interesting places to visit in Singapore is the bird park.It's located in the industrial area of Singapore,called Jurong.The bird park is about twelve kilometers from the center of the city,and it's easy to get by bus or taxi.

It's one of the largest bird parks in the world.The birds are kept in large cages,and there are hundreds of beautiful birds from many different parts of the world,including penguins,parrots,eagles,and ostriches.There's a large lake in the park,with a restaurant beside it.There's also a very large cage.You can walk into it to get a closer look at the birds.

3. 根据定义展开

按定义展开是针对某一个含义复杂、意义抽象的词语或概念具体展开阐述。通常，在下定义的同时还可能运用举例子、打比方的方法，以使读者对定义有一个更清楚的了解。这种方法常用于说明文中。

例如：Poetry is a branch of literature which explores ideas,emotions,and experiences in a distinctive form and style.（给诗歌下定义）Poetry,sometimes called "verse",depends greatly on the natural rhythms and sounds of language for its special effects.Poetry,even more than prose（all other writings）,depends on precise and suggestive wording.In other words,a poem says much in little space.Poetry differs from prose in obvious ways,also.Most often the first word of every line begins with a capital letter,even in the middle of a sentence.Poems sometimes contain theme,and often they have a particular rhythm,like music.

4. 根据过程展开

按过程展开是文章依照事情的发展经过、顺序逐项展开说明，常用于记叙文，叙述如何做一件事情。

例如：Many people like to read the latest news in the newspaper.But how is a newspaper produced so quickly ?

Every morning the chief editor holds a meeting with the journalists.After that,journalists are sent to interview different people.Usually they have a face- to-face interview with them. Sometimes they do telephone interviews.At the same time,photographers are sent to take photos which will be developed later.Sometimes they use old photos from their library in order to save time and money.After the reporters hand in their stories,the chief editor will choose the most important news for the front page.Other editors read the stories and make some necessary changes.They also write headlines for each story.Finally,when the newspapers are printed,they are delivered to different places as soon as possible.

5. 根据分类展开

按分类展开段落，是将要说明的事物按照其特点进行分类，然后逐一进行说明，多用于说明文。例如：

World Music

In Africa most music is folk music.It plays an important part in people's lives,especially for work,and at festivals and weddings,when people dance all night long.

Indian music is not written down.There is a basic pattern of notes which the musician follows.But a lot of modern music is also written.India produces more films than any other country in the world.It produces musicals too,that is,films with music,and millions of records are sold every year.

In the Caribbean the slaves who were brought from Africa developed their own kind of music.West Indians make musical instruments out of large oil cans.They hit different parts of the drum with hammers to produce different notes.This type of music has become very famous in Britain and is very good music to dance to.

Jazz was born in the USA around 1890.It came from work songs sung by black people and had its roots in Africa.Jazz started developing in the 1920s in the southern states.Soon it was played by white musicians,too,and reached other parts of the USA.

6. 根据因果关系展开

按因果关系展段落开主要包含三种形式：①按原因展开，也就是在文章开头先描写结果，然后分述原因；②先给出结果，然后叙述原因；③文章既分析原因又分析结果，常用于说明文。

例如：I prefer to live in the city for the following reasons.First,I can enjoy colorful life in city.There are always many performances and exhibitions through which I can learn a lot.Second,I can enjoy good services in the city.It is convenient for me to go everywhere,by bike or by bus. Department stores and shops,small or large,can offer me whatever 1 want.Third,I can have more job chances in the city if I am not satisfied with the present job.It is easier for me to transfer to another.

四、高校英语写作教学的文化影响

（一）写作教学中文化差异的影响

1. 对措辞的影响

同一个事物或概念在某些语言中，可能只用一个词语表达，而在另一种语言中，可能有几个或更多的词语表达。中英两种文化背景的人在进行交际时，会产生理解困难。例如，英语中"Mary's sister married David's brother."这句话很难翻译成汉语，因为我们不知道"sister"是指 Mary 的姐姐还是妹妹，"brother"是指 David 的哥哥还是弟弟。对中国学生而言，要进行英语写作，并提高英语写作能力，需要在用词上努力。用词准确是写作的基本功，因为词汇是语言的基本要素，是语言赖以生存的基础，所以文化差异在词汇方面表现得最为突出。又如，人们往往认为汉语中的"请"相当于英语中的"please"，但是在实际英语应用中却不是这样。例如，让其他人先上车，实际上不使用"please"，而是"after you"。因此，用词准确是写作的基础，而用词技巧又是提高写作质量的关键所在。

词汇所表达的意思是由其内涵和外延构成，而成语、谚语和格言是一个社会的语言与文化的重要组成部分，尤其是成语不仅难理解，更难运用得当。如果运用得不好或者错误，会产生误解，甚至造成对方的不快。

汉语句子中，动词使用得最多，如"坐""提供""围满""购物""就餐""考试""休息"等一系列动词形成动态现象,构成独特的汉语写作方式。英语句子中,名词用得最多,形成静态现象,体现英语写作中的严密性和庄重性。因此,在英语写作中,如果学生能够注意到中英文在用词方面的差异性,灵活运用所要表达的词语,对英文写作有很大帮助。

2. 对造句的影响

英语句式多为句尾开放的树式结构,语义重心在前;汉语句式为句首开放的竹式结构,语义重心在后。西方人习惯于开门见山,主句在前,从句在后的语序;中国人习惯于先介绍外围信息进行铺垫,再层层逼近主题,倾向于偏句在前、正句在后。例如,能在有生之年,为国家做些事,乃是我最大的愿望和追求。译文是"The wish and pursuit of my life is to do something for my country."

英汉句子中,成分与成分或分句与分句之间的连接方式不同。英语句子注重句子的结构完整,外在逻辑形式严谨规范,句间连接依赖于各种语言形态手段,使句子显得紧凑有序,关联照应手段是显性的、多样的;汉语句子是意合和悟性,句间连接主要依靠语义和内在的逻辑关系,连接标记的有无关系较小,句子形态松散,关联照应是隐性的。

可见,英语句子能够形成紧凑严密的树型结构,是因为各种连接词起到黏合剂的作用。汉语句子的线型结构灵活流畅,是因为没有过多的"黏合剂",句段之间可以不用任何连接符号而靠语义上的联系结合在一起。中国学生若不能熟练掌握英语句法的内在规律,很难摆脱母语的思维定式,无疑影响英语写作的发挥。

3. 对文体的影响

汉语写作和英语写作有相同之处:深刻地了解主题,周密地考虑内容,慎重地选择材料,真诚而简洁地表达思想。但是,尽管汉英写作具有相同特征,两者之间也存在差异性。在叙述与描写时,与英语文体相比,汉语文体中常因过多使用形容词而显得矫揉造作。英语文体则直截了当,英语文体的特点是演绎式思维,逻辑分段,先论点后论证,讲究以理服人,逻辑严谨,结构清晰。

(二)写作教学中多元文化的影响

1. 文化导入对写作教学的影响

为了减少汉语对学生英语写作的负面影响,在英语写作教学中,教师应鼓励学生通过多种渠道掌握中西方的文化差异及差异带来英汉写作上的不同,提高学生实际运用语言的能力。中国学生的英语学习处于汉语文化环境中,思维、表达、写作无不受到汉语文化影响,对于学生了解和使用英语思维、表达,写出地道的英语作文十分不利。因此,英语写作教学中,教师可以利用图片、音频、视频等教学手段,为学生创造有利的英语学习环境,让学生了解英语文化背景;安排学生和外籍教师、学者进行沟通交流,了解英语文化。通过多种渠道了解和接触,使学生开阔视野,加深对英语的感知力,提高英语使用能力,逐渐学会用英语思考、表达和写作,避免中国式英语。

2. 英汉写作对比分析对写作教学的影响

文化差异使英汉语篇写作各具特色,教师可以有意识地剖析与演示英汉语篇的遣词造句、文章结构等,使学生了解两者之间的差异,并在写作时有意识地避免汉语思维的影响,写出更符合英语表达习惯和英美文化的作文。例如,在精读教学中,教师可以通过分析课文,使学生了解和掌握各种题材和体裁文章的写作技巧、注意事项,如课文是如何发展主题、组织段落、完成连贯的,帮助学生对正确的英语语篇结构形成一个立体的、综合认识。教师在批改作文时,应指出学生写作中不符合英语表达习惯的语句,并将其和地道的表达方式加以对比,使学生更清楚地看到差别,并在修改过程中逐渐学会用英语进行思考,形成正确的表达。

3. 读写结合对写作教学的影响

读和写有着密切关系,读是写的基础。作为语言输入的一种方式,阅读能够作为语言输出的写作积累语言材料,不仅让学生知道写的内容,还能让他们知道如何写。因此,英语写作教学中,教师应让学生通过阅读大量题材广泛、体裁各异的英语材料,了解西方人的思维方式、思想情感、价值观念、道德标准、社会文化、历史传统等,为英语写作积累素材,培养语感。要充分发挥阅读作用,教师需要让学生养成边读边做读书笔记、读书心得的习惯,从而为汲取经验、模仿写作作铺垫,这样学生才能更快、更有效地提高写作水平。

4. 仿写训练对写作教学的影响

中国学生在写英语作文时,会不自觉地遵循中文思维,一边想汉语,一边将其翻译成英文写出来,这样近乎"汉译英"的写作模式不仅效率低下,还使汉语思维和表达习惯对英语写作产生负迁移作用。为使学生摆脱机械、低效的写作模式,在写作教学中,教师可引导学生仿写英文材料。仿写材料既可以是课文,也可以是文学名著。仿写时,允许学生使用词典等工具书辅助表达。通过仿写,学生不仅能够积累一定的写作素材,还能够清楚、快速地了解地道的英语语篇是如何开展的,从而培养良好的英语语感和写作习惯。

第五节 高校英语的翻译教学

一、高校英语翻译教学的目标与内容

（一）高校英语翻译教学的目标

第一，高校英语翻译的基础目标：能借助词典对题材熟悉、结构清晰、语言难度较低的文章进行英汉互译，译文基本准确，无重大的理解和语言表达错误；能有限地运用翻译技巧。

第二，高校英语翻译的提高目标：能摘译题材熟悉及与所学专业或未来所从事工作岗位相关、语言难度一般的文献资料；能借助词典翻译体裁较为正式、题材熟悉的文章，理解正确，译文基本达意，语言表达清晰；能运用较常用的翻译技巧。

第三，高校英语翻译的发展目标：能翻译较为正式的议论性或不同话题的口头或书面材料；能借助词典翻译有一定深度的介绍中外国情或文化的文字资料，译文内容准确，基本无错译、漏译，文字基本通顺达意，语言表达错误较少；能借助词典翻译所学专业或所从事职业的文献资料，对原文理解准确，译文语言通顺，结构清晰，基本满足专业研究和业务工作的需要；能恰当地运用翻译技巧。

（二）高校英语翻译教学的内容

第一，翻译基本理论。翻译的理论知识主要涉及对翻译活动本身的认识；了解翻译的过程、标准；翻译对译者的要求、工具书的使用等。

第二，英汉语言对比。对英汉语言的对比，既包括语言层面的内容，又涉及文化层面和思维层面的对比。在语言层面上，主要是对英汉语言的语义、词法、句法、文体篇章进行比较。对英汉文化、思维的比较，利于更加准确、完整、恰当地传达原文信息。

第三，常用的翻译技巧。翻译中的常见技巧有语序的调整、正译与反译、增补与省略、主动与被动、句子语用功能再现等。

二、高校英语翻译教学现状

（一）翻译教学中学生自身的学习现状

1. 翻译教学中文化背景掌握不深

语言是文化的产物和外现，无论是从社会观还是从语言的基本情况来看，语言都带有明显的文化特征。语言作为特殊文化背景下的特殊载体，只有在特定文化范围内才具有本质意义。语言和文化相互影响相互作用，翻译是两种文化的交流，熟悉两种文化比掌握两种语言更重要。词语只能在其相应的文化背景下才能体现出真正的意义，如果学生不能很好地熟悉英语国家的文化，无法精准地理解原语言包含的深刻内涵，甚至是习惯用汉语的思维模式对英语进行分析和理解，很容易在翻译中出现常识性误译，一些错译、漏译现象也不足为奇。

2. 翻译教学中"的的不休"

在实际翻译操作中，中国学生每每看到英语形容词就自然而然地将其翻译成汉语的形容词形式，即"……的"，导致译文"的的不休"。

例1：The decision to attack was not taken lightly.

原译：进攻的决定不是轻易做出的。

改译：进攻的决定经过了深思熟虑。

例2：It serves little purpose to have continued public discussion of this issue.

原译：继续公开讨论这个问题是不会有什么益处的。

改译：继续公开讨论这个问题没有益处。

3. 翻译教学中语序处理不当

英语句子通常开门见山地表达主题，再逐渐补充细节或解释说明，有时要表达的逻辑较为复杂，则会借助形态变化或丰富的连接词等手段，根据句子的意思灵活安排语序。相比之下，汉语的逻辑性较强，语序通常按照一定的逻辑顺序（如由原因到结果、由事实到结论等）逐层叙述。这种差异意味着将英语句子翻译成汉语时，必须对语序做出适当调整，而很多学生没有意识到这一点，译文大多存在语序处理不当的问题。

例如：The doctor is not available because he is handling an emergency.

原译：医生现在没空，因为他在处理急诊。

改译：医生在处理急诊，现在没空。

4. 翻译教学中增减词不适当

由于语言、文化等差异，翻译时不必完全拘泥于英语形式，即逐字逐句翻译原文。事实上，根据原文含义、翻译目的等不同，译文可根据实际需要，适当增减词，很多学生并不清楚，因而译文大多烦冗啰嗦。

例如：Most of the people who appear most often and most gloriously in the history books are great conquerors and generals and soldiers...

原译：在历史书中最常出现和最为显赫的人大多是那些伟大的征服者和将军及军人。

改译：历史书上最常出现、最为显赫者，大多是些伟大的征服者、将军和军人。

5. 翻译教学中长句的处理较差

英语中不乏长而复杂的句子，这些句子通过各种连接手段衔接起来，表达一个完整、连贯、明确、逻辑严密的意思。很多学生在遇到这样的句子时，往往把握不好其中的逻辑关系，也不知如何处理句中的前置词、短语、定语从句等，因而译出的汉语句子不符合汉语表达习惯。

例如：Since hearing her predicament, I've always arranged to meet people where they or I can be reached in case of delay.

原译：听了她的尴尬经历之后，我就总是安排能够联系上的地方与人会见，以防耽搁的发生。

改译：听她说了那次尴尬的经历之后，每每与人约见，我总要安排在彼此能够互相联系上的地方，以免误约。

（二）翻译教学中英语教师的教学现状

1. 翻译教学中对翻译讲解重视不够

国内院校英语四、六级考试中，翻译题的分值比例较小，且与其他语法、词汇考查相比，比重偏低，导致国内英语课程设置方面未能将翻译放到足够重视的位置。由于一直没有真正重视英语翻译，许多英语教师的实践能力、翻译理论素养及翻译教学水平明显不能满足新时期英语翻译教学需求。尤其是随着语法翻译教学被替代，以及交际教学地位的不断提升，使英语课程的讲解更趋向于对学生阅读理解和听说能力的培养，压缩了英语翻译的生存空间。加之课堂时间有限，教师对翻译的讲解仅限于课后的翻译练习题，对翻译的讲解只是一笔带过或是照本宣科。

2. 翻译教学中受传统教学模式影响

传统翻译教学往往不能以学生为主体，教师作为学生进行翻译的主导者，学生认为教师的参考译文是"神圣不可侵犯"。这种古板的教学模式显然束缚住学生对译语的创造力和表达的积极性。除此之外，当前外语界被广为接受的交际教学法，给英语翻译带来新的误区：英语教学更崇尚盲目的单语化，甚至对翻译和母语形成一种完全排斥和否定的态度。经常在高校英语教学中见到，教师在课堂中采用全英式教学，目的是为学生创设一种所谓的英语氛围，以此提高学生的听说能力。然而，这种做法并没能将学生的实际情况很好地融入课堂中，在实际的英语教学中，教师的讲解更多地局限于课本，不能真正给学生创设英语的交际氛围和环境，教师说出来的英语也并非全部规范英语，更增加学生理解的困难。

3. 翻译教学中对翻译教学的重视程度低

对翻译教学的重视程度低，主要体现在以下五个方面。

第一，翻译教学中，教师不注重翻译基本理论、翻译技巧的传授，而是将翻译作为理解和巩固语言知识的手段，将翻译课上成另一种形式的语法、词汇课。

第二，学生做完翻译练习后，教师只是对答案，对翻译材料中出现的课文关键词和句型等进行简单强调，缺乏对学生进行系统的翻译训练。

第三，就时间而言，教师花费在翻译教学上的时间较少，或只当家庭作业布置，由学生自己学习。

第四，英语教学大纲中对翻译能力培养的要求不具体。

第五，英语考试中虽然包含翻译试题，但所占比重不如阅读、写作。

（三）翻译教学中教学环境的现状

从当前国内各高校所使用的英语教材来看，还没有设置更加完善的英语翻译技巧、方法及翻译理论基础知识的讲解板块。当前，只有精读教材在每个单元后设置了相应的汉译英句子，但这些练习往往以巩固文中所讲的语法、词汇、句型、短句为目的。严格意义上来讲，这种"翻译"练习并不能真正达到翻译学习的目的，只能作为一种语法词汇掌握，实现综合练习。

三、高校英语翻译教学的策略

（一）英语翻译方法教学

1. 直译法翻译

直译法要求在不引起错误联想、符合译语语言规范基础上，按照原文字面意思进行翻译。这种方法的优点在于不仅保持原文内容，还保持原文的形式，特别是保持原文的形象、地方色彩，是英语翻译中最常使用的技巧。

例1：Beef prices is almost ten times of that in 1978.

牛肉价格几乎是1978年的10倍。

例2：In the afternoon, you can explore the city by bicycle.

下午，你可以骑自行车游览这个城市。

例3：Tom did something, and the police...well, now he is staying at the correctional center.

汤姆做了点什么事情，警察……哦，现在他正待在纠错中心。

例4：The bankruptcy of Lehman Brothers causes a chain reaction of financial crisis in the global world.

雷曼兄弟的倒闭在全球范围内造成一系列经济危机连锁反应。

2. 意译法翻译

英汉语言各有词汇、句法结构和表达方式，意味着直译有时行不通。翻译时若无法通过直译表达原文含义，或直译不符合汉语习惯时，可采用意译法再现原文含义。意译法的优点在于能够正确表达原文含义，但不拘泥于原文形式。

例1：He was smooth and agreeable.

他待人处事八面玲珑。

例2：Don't cross the bridge till you get to it.

不必自寻烦恼。

例3：Nixon was smiling and Kissinger smiling more broadly.

尼克松满面春风，基辛格更是笑容可掬。

例4：After that, the special missions became frequent occurrences.

从此以后，特殊任务就司空见惯，习以为常了。

3. 音译法翻译

音译法是根据词语发音，采用发音相同或大致相同的目的语词语表达的一种翻译方法。有些词语表示其所属文化下的某些新兴、特有或最早出现的事物、概念等，这些事物、概念在译语文化中最初并不存在，翻译时也无法找出与之对应的词语，可以采用音译法进行翻译。

音译法不能随意使用。如果学生遇到不理解的词语就使用音译法，就无翻译可言。因此，教师在教授音译法时，应告诉学生音译法的使用范围，即用于地名、人名、机构名称及流行语的翻译，目的在于保留原语的异国风味，减少翻译过程中的文化遗失和语言误解，从而快速、准确地传播文化，同时丰富本国语言。

例：1：Her diet restricts her to 1,500 calories a day.

她的规定饮食限制她每天摄入 1500 卡路里的热量。

例 2：We all know we are the product of our genes,what are all the steps from gene to us?

我们都知道基因决定每个个体，但基因是如何使我们成为现在的我们？

例 3：I lived most of my life in Tustin,California.

我一生大部分时间都住在加利福尼亚州的塔斯廷。

4. 转译法翻译

转译法是一种涉及词类转换的翻译技巧。由于英汉表达习惯不同，译文中并不能每个词语的词性都与原文词语保持一致，学生可以适当转换词性进行翻译。例如，把原文的名词转换为动词、把原文中的副词转换为介词等。常见的词类转换翻译有 5 种具体如下。

（1）名词类转译

名词类转译主要有以下形式：①名词转译为动词；②名词转译为形容词；③名词转译为副词。

（2）形容词类转译

形容词类转译主要有以下形式：①形容词转译为动词；②形容词转译为名词；③形容词译为副词。

（3）副词词类转译。副词类转译主要有以下形式：①副词转译为动词；②副词转译为名词；③副词转译为形容词。

（4）动词类转译

动词类转译有以下形式：①动词转译为名词；②动词转译为形容词或副词。

（5）介词类转译

英语中的部分介词经常翻译成汉语的动词。

5. 套译法翻译

英汉语言尽管差异巨大，但对某些事物的认知是相同的。因此，英汉语言中存在语义相同或相近，说法相同或不同的成语、习语等，这些表达可以采用套译法。需要指出的是，套译法要求学生必须熟悉英语习语的确切含义,切忌望文生义,否则会造成误译。

6. 综合译法翻译

在实际翻译中很难只用一种方法译出高质量的译文,而是需要仔细分析原文的内部结构、各成分之间的逻辑关系,使用多种翻译技巧,将原文含义用通顺、自然的译语表达出来。

例1:She was born with a silver spoon in her mouth who thought that she could do whatever she wanted.

她出生在富贵之家,认为凡事皆可随心所欲。

例2:People were afraid to leave their houses,for although the police had been or-dered to stand by in case of emergency,they were just as confused and helpless as anybody else.

尽管警察已接到做好准备的命令,以应对紧急情况,但人们还是不敢出门,因为警察也和其他人一样,不知所措且无能为力。

(二)引导逻辑推理教学

推理是根据已知的内容或假设,运用逻辑得出结论的过程,也是实现认知的一个重要方法。此外,推理策略的运用有助于把握事物间的联系,促进语言的理解。因此,翻译教学中,教师应培养学生推理的意识和能力。这里的推理并不是译者凭空想象出来的,而是根据文本内容、结构得出来的。

具体而言,学生看到文本内容后,可以依据已有的经验及原文结构、逻辑连接词、上下文等作出推理,这些推理可以为学生提供额外的信息,学生对原文的理解也会更深刻、更全面,译文质量也会提高。需要指出的是,无论哪一种推理技巧,都必须建立在正确识别语言结构内容基础上,否则推理会变成毫无根据的想象,脱离原文,译文的可信度也无从谈起。

(三)引导英语猜词教学

词汇是构成语篇的基本单位,学生的词汇量及对词汇的掌握程度都会影响概念能力的形成。词汇影响概念能力的形成,而概念能力又会影响理解,理解最终影响翻译的质量。因此,对词汇的掌握程度以及猜测生词的能力,成为翻译教学的关键。

(1)结合实例猜测词义

下文中列举的例子会对上文提到的某个词语进行说明、解释,为学生提供猜词线索。

(2)根据构词法猜测词义

英语词汇的构成是有规律可循的。掌握这些规律，学生可以很快猜出部分生词的含义。为此，教师应传授学生英语构词法的知识。

（3）利用信号词猜测词义

所谓信号词，指在上下文中起到纽带作用的词语，这些词语对于生词的猜测具有重大意义。

（4）通过换用词语猜测词义

英语语篇有时为了避免用词单调、重复，会使用意义相同或相近的词语表达相同的含义，学生对此可以利用相对简单的同义词/近义词推测生词词义。

（四）结合英语语境教学

语境对词语、句子的含义有着深刻影响。翻译若要准确，先要理解准确；理解要想准确，必须结合语境进行理解。译者对原文的理解和译文的表达都是在具体的语境中进行的，词语的选择、语义的理解、篇章结构的确定离不开语境，语境是正确翻译的基础。因此，翻译教学中，教师务必要使学生重视语境，结合语境理解和翻译。语境不仅包括语言的宏观环境，也包括语言的微观环境。宏观语境是话题、场合、对象等，使意义固定化、确切化。微观语境是词的含义搭配和语义组合，使意义定位在特定的义项上。学生只有兼顾两种环境，才能确定话语的含义，使译文忠实于原文。

（五）引入英语图式教学

图式是人类脑海中对外部世界知识的组织形式。人类与外部世界的一切交往都会在脑海中形成模式，这些模式包含相关事物、情景的系统知识。当人们遇到类似的事物时，会激活大脑中相应的知识片段（图式），从而轻松地理解该事物；当人们大脑中没有与所遇事物相关的图式时，则很难理解该事物。可见，图式对于理解具有重大意义，而以准确理解为基础的翻译活动，也受到图式的影响。对此，教师应使学生认识到图式的重要性，并在教学中为学生提供需要激活图式才能正确理解的语言材料，使学生积极运用图式，重视图式的积累。

学生所拥有的认知图式并不一定都是对事物的正确反映，或者已经完善，在翻译实践中（尤其是文字表述比较含蓄的时候）经常出现图式应用错误的情况。对此，教师应帮助学生形成正确的图式并调动相关图式，从而弥补语言知识上的不足，为正确理解原文、做好翻译提供保障。

四、高校英语翻译教学的文化影响

（一）英汉翻译中文化差异的影响

文化是一个复杂的整体，包括知识、信仰、艺术、道德、法律、风俗及人作为社会成员中的一分子所获得的任何技巧与习惯，是人类后天习得的，并会一代一代传承下去。正是文化的特点，使不同地区、不同国家的人在后天习得过程中，由于地域、气候、群体组织形式和整个所属生态环境的不同而引起人们在价值观、人生观、世界观、道德观、思维方式、风俗习惯等方面产生巨大差异，即文化差异。文化差异在两种语言中所造成的理解障碍，往往比语言障碍本身更严重。因此，要在两种语言之间进行翻译，除了通晓两种语言之外，还必须深刻理解两种文化之间的异同点。两种语言之间的翻译不仅是两种语言传递互换，更是两种文化的碰撞。作为语言工作者，除要熟练掌握两国语言文字，还必须对两种文化有深入研究和理解，才能使翻译工作不只停留在字面上，更提高到文化意义层面，使翻译在语言上更精准，在文化上更贴切。

（二）翻译教学中多元文化的影响

1. 多元文化意识的影响

（1）重视不同文化背景知识的传授

当前在英语翻译教学中，教师如果只从词汇、语法、句法等字面层次教授翻译内容，忽视从文化差异方面进行分析和判断，会导致学生学习翻译效果不佳，尤其是对中西语言文化差异问题，还会出现误解和误译。

（2）进行不同文化差异对比

在英语翻译教学中，除了加强对其他国家文化背景知识的传授，还可以通过对不同国家之间文化差异的对比，提高学生的多元文化意识培养。

（3）进一步加强本国语言和文化的学习

英语翻译教学的一个重要目的是促进对外交流的平衡发展，学生能够对本国优秀的文化通过翻译介绍给外国人，还能够对外国的文化和事物用准确的表达介绍给国人。

2. 跨文化意识的影响

从翻译技巧来看，如果翻译者能够挖掘某些语句的文化内涵而不是逐字翻译，便能从整体上把握原文要义，使读者一目了然译文文本。

（1）表达意义的融合

语言中存在不同意象。面对同一个意象，来自不同文化的人观点并不一致，同样的意思在不同文化中也会用不同意象表达。在翻译中，有时需要通过意译而不是直译表达。

（2）文化渗透和语言适应

随着经济、社会和人类生活的发展，文化渗透现象已经普遍存在，并对语言的语法、句子结构和语篇构成产生深远影响。正如语言适应理论所述，语言应用的过程就是持续选择的过程，在此期间，语言的应用必须适应沟通交流的社会语境。要适应语境，必须考虑多方面因素，主要包括心理素质、社会情境和物质世界状况等。

3. 网络教学与第二课堂教学的影响

从目前来看，我国英语翻译教学仍沿用传统的教学策略和教学工具。在科技、经济、生活发生巨大改变的今天，传统的教学策略与工具已经无法更好地提升学生的翻译能力。基于此，教师应积极主动地探索新的翻译教学策略与教学工具并身体力行。

互联网是一种信息技术，是信息传播、整理、分析、搜寻的一种技术，其主要任务是传递信息。互联网中存储海量的信息，且这些信息、资源的更新非常及时。因此，在翻译教学中，教师应充分发挥互联网优势，将网络作为翻译课堂教学的补充，既可以实现由教师现场指导的实时同步学习，又可以实现在教学计划指导下的非实时自学，还可以实现通过使用电子邮件、网上讨论区、网络通话等手段的小组合作型学习等。由于翻译课堂时间有限，教师还应在课下开展有益学生增加文化知识、提高翻译水平的活动，比如要求学生阅读英文原版书籍、杂志等，观看英文电影、电视、收听英文广播等。

4. 跨文化翻译的影响

在全球化的大背景下，文化交流与碰撞愈发频繁，而英语作为国际交流的通用语言，在促进文化互动方面扮演着至关重要的角色。在高校教育中，英语翻译不仅是语言技能的训练，更是跨文化交际能力的培养。跨文化翻译的影响主要包括以下方面：

（1）促进文化理解与包容。高校英语跨文化翻译的首要影响在于促进学生对不同文化的理解与包容。在翻译过程中，学生需要深入了解源语言的文化背景、社会习俗、价值观念等，以便准确传达原文的意图，这种深入了解的过程本身就是一种文化学习的过程，有助于学生打破文化隔阂，增强对异文化的认识和接纳。同时，通过翻译不同文化的文本，学生可以接触到多元的文化观念，从而拓宽视野，提升跨文化交际能力。

（2）提升英语语言能力。高校英语跨文化翻译对提升学生的英语语言能力具有显著影响。翻译过程中，学生需要熟练掌握英语词汇、语法、句型等基础知识，以便准确表达原文的含义。同时，翻译还要求学生具备较高的阅读理解能力、逻辑思维能力以及表达能力，这些能力的提升都有助于学生提高英语水平。此外，通过翻译实践，学生可以接触到不同类型的文本，从而丰富自己的语言积累，提高语言运用的灵活性。

（3）推动翻译学科发展。高校英语跨文化翻译的影响还体现在推动翻译学科的发展上。随着全球化的深入发展，翻译学科逐渐受到重视，成为高校教育的重要组成部分。高校英语跨文化翻译教学不仅有助于培养学生的翻译能力，还为翻译学科的研究提供了丰富的实践案例和理论支撑。通过深入研究跨文化翻译的理论与实践问题，可以推动翻译学科的不断发展，为培养更多优秀的翻译人才奠定基础。

（4）促进国际交流与合作。高校英语跨文化翻译在促进国际交流与合作方面也发挥着重要作用。随着国际交流的日益频繁，跨文化翻译成为沟通不同文化背景下人们思想和情感的重要桥梁。高校通过加强英语跨文化翻译教学，可以培养出更多具备跨文化交际能力的人才，为国际交流与合作提供有力支持，这些人才在国际舞台上能够更好地传播中国文化，增进国际社会对中国的了解和认同，同时也有助于我国吸收借鉴国际先进经验和技术，推动国家的发展与进步。

（5）培养复合型人才。高校英语跨文化翻译对于培养复合型人才具有重要意义。在全球化的今天，具备跨文化交际能力的人才成为市场上的紧缺资源。通过英语跨文化翻译的学习和实践，学生可以培养自己的语言能力、文化理解能力、逻辑思维能力等多方面的能力，从而成为具备综合素质的复合型人才，这些人才在未来的职业发展中将更具竞争力，能够更好地适应全球化的工作环境。

总而言之，高校英语跨文化翻译在促进文化理解与包容、提升英语语言能力、推动翻译学科发展、促进国际交流与合作以及培养复合型人才等方面都产生了深远的影响。因此，高校应重视英语跨文化翻译的教学与实践，为学生提供更多的翻译实践机会，以培养出更多具备跨文化交际能力的高素质人才。

第三章 高校英语教学模式的创新设计

第一节 高校英语的翻转课堂教学模式

翻转课堂教学模式变革了原有的教学流程，改变了传统课堂中的师生角色，强调学生学习兴趣的激发，注重学生自主学习能力和协同创新能力的培养。

一、高校英语翻转课堂教学模式的特征

翻转课堂是在教师课程开始之前按照教学计划、教学内容、教学重难点将微视频精心地设计和制作出来，学生可以在课下选择合适的环境自主学习教师制作好的微视频，然后在课堂上师生可以一起讨论、交流，解决自学时遇到的疑难问题或者课堂作业，这种新型教学方法即是"翻转课堂"。和传统课堂相比，翻转课堂主张学生先自学，然后教师再教授。翻转课堂具有更强的互动性和自主性，它更能增强学生的学习效果，提升教学的质量和效率。

翻转课堂与原本的在线视频学习也存在一定的差异，因为学生在观看完网络上的微视频之后，还需要在课堂上和教师一起交流探讨各种问题，也就是教师和学生共同完成了有意义的学习活动。翻转课堂并不是让微视频直接代替传统课堂，也不是让学生单纯地通过电脑进行学习。事实上，作为一种教学手段，翻转课堂增加了师生的交流互动，并且它能够让学生对自己的学习活动更加负责，而在翻转课堂中教师的角色也发生了转变。此外，翻转课堂的内容是能够被永久存档的，即使有学生因为各种原因无法来上课，他们也可以通过翻转课程补上自己落下的课堂内容，那些基础薄弱的学生也能够随时根据翻转课程查漏补缺。如此一来，学生对于学习活动就会更加积极主动。下面从五个层面具体分析翻转课堂的特征。

（一）翻转课堂采用先学后教模式

翻转课堂是十分典型的一种先学后教的教学模式，在此种模式下，学生要在课程开始之前通过观看教师录制的视频或者是网络教学视频做笔记、完成相关的作业。课堂开始

后，学生可以将自己在自学过程中遇到的问题及做作业时遇到的难题告知教师，和教师一起探究并最终解决问题。随着时代的发展和社会的进步，翻转课堂也要进行转型。在不改变"先学后教"顺序的同时融入新的方法和技术。以网络微视频为基础的先学后教是一种较为成功的教学范式。

与传统课堂以讲学稿、导学案为基础的先学后教模式相比，由微视频主导的先学后教模式具有特征：①生动地讲解。和传统纸质的导学案相比，以视频呈现出来的教师讲解必定会更加生动形象，从而受到学生的欢迎和喜爱。②及时地反馈。与纸质导学案相比，由微视频主导的先学后教模式能够更加及时地得到学生的反馈。不管是课前学生自学情况的反馈，还是课堂上学生的学习反馈，教师都能够迅速得到。③容易检索和保存。相较于导学案而言，电子资料更加方便检索和保存，更加有利于学生的复习。但实际上，不管是导学案还是微视频，所采取的都是先学后教的模式，二者的原理相同。

（二）翻转课堂对学习流程进行重建

翻转课堂最外化或者说最明显的标志就是它颠倒了教学流程。传统的学生的学习过程往往分成两个阶段：①信息传递，这一阶段的实现离不开师生和生生之间的互动；②吸收内化，这一阶段则由学生独立完成。课下没有同伴的帮助和教师的指导，因此学生会在第二阶段，即对知识进行内化吸收时产生深深的挫败感，从而打击自身学习的积极性，丧失学习的成就感。

翻转课堂模式的出现就重新建构了学生的学习过程。在课前，学生通过观看教师的讲解视频，就已经完成了信息传递；课堂上，教师会引导学生通过互动完成对知识的吸收和内化，并通过了解学生的反馈能够给予学生更加有效的辅导，而同学之间的讨论交流无疑也对学生的知识内化起到了较好的促进作用。

（三）翻转课堂提升课堂效率的把控

对课堂的把控实际上就是对课堂的控制和调节。在翻转课堂模式中，课堂上的时间主要是知识内化和顺应的时间，如果能够对课堂进行有效调控，课堂氛围就会更加浓厚，课堂效率更高，从而能够更加充分地发挥出学生的创造性潜能。例如，在采用翻转课堂教学模式的英语课堂上，教师更多地成为课堂的组织者、对话者、参与者，而真正的落脚点和出发点则是学生。教学活动实质上就是在各种教学活动引领下的学生的主动学习。在课堂上，教师要合理分配好各活动的时间，对课堂节奏有一个较好的把握，始终让学生成为总结发言、讨论交流的中心，让学生成为课堂的主体，让他们通过互动交流潜移默化地完成知识和技巧的掌握，并且教师要及时评价学生、时刻激励学生，让课程顺利完成。

（四）翻转课堂资源的无限循环

就小范围而言，微课在被上传到网络平台上后更加容易检索和保存，这让学生的自学更加方便。教师和家长能够共同对学生的自学活动进行督促，让学生通过观看视频完成相关任务及测验。学生也可以从自身实际情况出发对微视频进行反复观看或者是查漏补缺。此外，可以设置一个专门评价微视频学习情况的平台，让教师能够通过解答学生的疑问来了解学生的学习进度和掌握情况，并且提供给学生具有针对性的帮助。不仅有利于教师改进自己的微课视频，也有利于提高学生的学习效率。微课程能够让不同地区和不同国家的学生享受到同样的优质教育资源，这无疑极大地推动教育的进步和发展。

（五）翻转课堂重新定位教师与学生角色

第一，教师角色发生转变。伴随着翻转课堂的兴起，教师成为学生学习的指导者与促进者而且，学生的主体地位也得以充分地体现，但是，削弱教师的主导作用并不意味着教师在课堂教学中不再重要，而是要求教师转变自身的角色观念，并为学生的探究学习、小组学习等提供指导。此外，在翻转课堂应用的背景下，教师还被赋予教育资源提供者、教学视频设计与开发者的角色使命，尤其是在学生课前的自学阶段，以视频为主的学习资源的提供至关重要，学生需要通过这些资源掌握本堂课的相关知识点。课堂学习中，教师为学生的答疑解惑也需要依靠教学视频，以增强讲解的生动性，从而加深学生对知识点的理解。

第二，学生角色发生转变。学生原本就是学习的主角，这一观点在翻转课堂教学中得到了更正与强化，学生可以根据自身的知识水平、学习能力等调整学习进度，并且相对自由地选择学习地点和时间。在课堂上，学生可以通过协作学习、小组学习进行知识的吸收和内化。在课堂上，学生也担当着知识生产者的角色，那些学习速度较快的学生也可以给予其他同学帮助，从而承担了一部分"教"的角色。

第三，新型师生关系的建立。不管是课前的自学还是课上的交流，其中心都是学生，学生能够自主掌握学习视频的进度，可以将内心的想法和问题与教师和同学们交流，他们在学习过程中比以往拥有更多的主动权，这是重新构建的和谐师生关系。翻转课堂对重构师生关系较为有利的原因在于，教师让学生自主选择探究题目，并独立完成探究过程，完成知识体系的建构，真正将学生视为学习过程的主体。

二、高校英语翻转课堂教学模式的要求

（一）教师方面的要求

教师作为培养人的人，在翻转课堂教学模式中是一个引领者，要想培养出适应时代发展的人才，教师就要以身作则，接受新的课堂教学模式发出的挑战。

第一，转变教学理念。翻转课堂教学模式是一种颠覆传统的教学模式。教师从认真学习到积极实施，这中间经历得不仅是教学模式的形式变化，更是根深蒂固的传统教学理念的变化。教师要把握住翻转课堂的内涵，翻转的是知识传授和知识内化这两个环节，并不是简单的课前观看视频，课上传统教学。课堂不再是教师的课堂，二是从学生的反馈出发来组织教学，在课上以学生的问题为切入点，以学生的疑问为教学内容，有的放矢的开展，真正将学生放在了教学主体的地位上。

第二，提高信息素养。翻转课堂教学模式实施的每一个环节，从课前视频的制作、学习资源的搜集、PPT（微软公司的演示文稿软件）的组建，到课上多媒体教学手段的使用等，都要求教师要具备较高的信息化素养。

第三，教学设计的能力。翻转课堂教学模式主要从时间和空间上翻转了知识传授和知识内化两个阶段，知识传授环节从课上挪到了课前，知识内化环节从课后挪到了课上。教师不仅要在知识传授环节进行教学设计，课堂上的知识内化环节更需要高超的教学设计。如何将学生学习的反馈整合起来、创设怎样的情境、厘清怎样的思路、将问题贯穿始终等问题，都是教师要思考的问题。这比传统课堂的教学设计有更高的要求，是更大的挑战。

（二）学生方面的要求

传统课堂中，学生总是跟在教师身后亦步亦趋。而在翻转课堂中，学生可以自由选择学习的时间、地点，学习的进程，甚至可以就一个内容反复的学习。对于学习中产生的疑问，可以在课前或是直接在课堂上反馈给教师，教师可以做到有针对性的答疑解惑。学生还能够参与协作学习，讨论探究，主动构建自己的知识体系，成为学习的主动参与者甚至是领导者。相较于传统教学，更容易让学生获得成就感，自信心也能有很大提升。

第一，学生需要具备自主学习的能力。在传统课堂中，学生的学习方式主要是听讲、接受知识，可将其称为"学会"。而翻转课堂教学模式中，学生要"会学"。在课前视频学习及讨论交流环节中，学生需要自己做主，在没有教师指导的情况下进行学习，习得的新知识还要添加到自己已有的知识体系中，进行有效整合以备使用，需要具备很强的自主

学习能力。但在实践中,部分大学生由于长期的传统课堂的熏染,缺乏自主学习能力的培养,自主学习能力较低,在翻转课堂教学模式中学习起来较为困难,学习兴趣可能反而比之前较低,这是翻转课堂教学模式在学生方面的一大挑战。

第二,学生需要具备与他人交流的技能。在互动讨论环节里,学生要具备与他人交流的技能。学生需要为同伴答疑,条理清晰的摆事实讲道理;自己遇到疑问时,用准确的语言描述自己的难处,让教师、同学能够知道问题关键所在;在小组学习时能够协调组内成员的关系,必要时还要能够领导他人,这都需要一定的甚至很强的交流技能、交流技巧。

第三,学生需要具备信息化素养。随着电子设备的普及,学习也进入智能化时代。学生本身都具备一定的信息化素养,但是大部分学生的电子设备用于娱乐,很少用于学习。学生对于学习软件、工具的使用不熟悉,虽然学生具备信息化的硬件,但这些硬件被开发而使用在学习上的只占了很少部分,很多工具仍要教师、家长和社会善加引导开发,这就对学生的信息化素养方向提出了挑战。

第四,学生需要学会自我管理。翻转课堂的学习中,学生拥有了一定的自主权,可以决定学习时间、方式、进度等,学生要自己决定在学习中花费多少时间,这时就要求学生要有一定的自我管理能力。学生要能合理地分配学习和娱乐的时间;学习中要合理分配视频学习、课前作业的时间;选择合适的时间来学习等。

三、高校英语翻转课堂教学模式的发展前景

翻转课堂已经成为教学改革的焦点,对现代教学有着很大的影响。翻转课堂能够帮助学生培养自主学习的能力,从而提高学习效率并使其记忆更持久。翻转课堂允许学生在自己认为合适的时间和地点来获取他们感兴趣的知识,从而培养学生强烈的学习动机和浓厚的学习兴趣。

翻转课堂在教师和学生之间建立了一种新型的平等友好关系,拉近了师生距离,增进了师生间的感情。在翻转课堂上,教师不再是一直站在讲台上的知识传授者,而是学生人生的导师、朋友,在学习的道路上鼓励学生,在探索知识的道路上指引学生,从讲师变成导师,从讲授者变成支持者和协助者。翻转课堂还允许教师因材施教,有助于学生的个性化发展,实现教育的个性化。此外,翻转课堂教学模式的发展前景还表现在以下方面:

第一,课程内容更加丰富。翻转课堂教学的发展,要求更多的优质视频课程,这会吸引很多优秀的创作者的加入,整合更加优质的教学资源,融合更多生动的案例,产生更多优秀的创作。这些资源和创作者,都是我们丰富的课程内容和内容的来源。

第二,教学互动方式多元化,翻转课堂成为必要方式之一。由单一平面视频教学向立

体化、数字化教学发展。目前，翻转课堂的教学方式主要为平面视频教学，相比线下教学，缺少面对面教学环境体验和学习氛围。

第三，大数据技术应用于教学，有利于翻转课堂的发展。一方面，通过针对学生学习行为轨迹数据的分析，了解学生对于知识的学习路径，不同知识点的学习时长、不同时间点的学习效率、课程形式及内容的偏好、重难点掌握情况及互动反馈情况等，进而可以优化课程结构，调整课程时长。一方面，各个学校间信息系统整合之后，形成数据仓库，通过大数据技术可辅助学校进行教学管理，包括课程内容的分类管理、课程来源的管理、精品课程应用管理等。此外，其他新技术也将被引用，如感知智能技术，在原有单一的键盘输入上增加语音交互、体感交互等方式。新技术的引入整体将优化学习体验。

第二节 高校英语的移动教学模式设计

伴随社会信息技术的飞速发展，人们的生活已进入全新的网络时代，移动教学应运而生，该模式灵活多样，适合学生进行自主学习，成为一种新型的教学资源模式。

一、高校移动学习及其英语移动环境构建

移动学习是利用移动设备的支持并借助通信技术作为传输手段的交互性学习方式，具有移动性、及时性、跨时空性、交互性、自主性等特征。所谓移动性是指学习不受固定场所的限制，及时性是指学生在需要时即可学习，跨时空性是指教师和学生可以不在同一时空范围内，交互性是指学生与教师之间的交流极其便利，自主性是指学生可以以自身为中心、根据自己的兴趣爱好自主选择学习内容。

（一）移动学习的理论支撑

1. 经验学习理论

经验学习理论强调的是对经验的反思，因此注重在实践活动中形成经验和反思观察的重要性。因此，我们在学习的实践活动中，要以大量的知识为背景，在实践活动中以知识为背景便成了学习的关键。在移动学习中，利用移动学习技术，可以帮助学生在实践活动的过程当中方便地获得知识，而且这种知识的质量是其他学习形式不可替代的，可以把这些知识作为学习的背景。移动学习将极大提高学生学习的积极性和能动性，达到最优的学习效果。

2. 非正式学习理论

非正式学习理论的对立面是正式学习理论，它是相对于正式学习提出的一种理论，两者相比较，非正式学习具有隐含性、泛在性的特点。该理论强调知识不仅可以从课堂和教师那里学到，而且可以通过各种非正式渠道获得。在主张非正式学习理论的学者看来，人际交往的本质就是学习，学习存在于生活道路的每时每刻，甚至与朋友闲逛、聊天，与同事交流、合作都是学习，因此诸如此类都可以看作非正式学习的渠道和机会。非正式学习理论为移动学习提供了稳定的理论依据。根据非正式学习理论，设计移动学习时要根据学生的需要，创设一种可以与同伴交流协作的环境，并鼓励学生在这种环境当中讨论交流，从而达到获得知识的目的。

3. 情景认知学习理论

情境认知学习理论的特征极其鲜明，它强调学习的有意义性，主张学习必须是有意义的，并注重把知识向生活情境转化，强调知识对生活的作用。显然，情景认知与学习理论将知识看作用于生活的工具，同时把知识看作基于生活情境的一种活动，而不是一个抽象的学习对象，这就使学习活动化，从而远离了抽象和枯燥，该理论还强调外部学习环境对于学习的重要意义，环境的优劣对学习的效果产生着重要的影响。因此，情景认知学习理论认为当最后的知识依赖于环境的时候才是真正有意义的，才会发生真正的有意义学习，学习的意义大小取决于环境，取决于学到的知识能否作用于环境。这启示教师在教学时必须提供真实的情景。

4. 境脉学习理论

境脉这一概念最初用于语言分析，意指决定单词或段落意义的特定语言环境。当前，这一概念已在诸如编程语言、操作系统、人工智能、移动计算、普适计算等许多应用领域中得到了重视和运用。境脉是一个极具指向性、整合性与动态性的概念。境脉学习理论认为，学生自身带有一个完整的内部世界，这个内部世界包括学生自身原有的记忆、经验、动机和反应，这个内部世界在学生处理新的信息和知识时起着重要的作用，它使得外界的有意义信息与其内部世界发生有意义的联系，此时便发生了学习。在计算机网络快速发展和普及的今天，移动学习作为一种全新的学习方式得到快速推广，境脉学习理论将人、知识、技术媒体三者有机结合起来，人在学习的过程中借助技术媒体在环境中搜寻与内部世界相关联的知识，并与已有的认知结构发生联系从而将知识内化。因此，境脉学习理论可以促进移动学习的开发者全面、清晰地把握各种要素，从而提高移动学习系统为学生带来的学习效率。

5. 活动学习理论

活动理论是活动学习理论的来源，活动学习理论强调获得知识的途径，这一途径以活动为中心，或者可以表述为以问题为中心，以团队为依托，主动学习分享经验，从而使问题得到解决。活动学习理论认为人们的活动不是无目的的、随意的或被动的，而是有意图的、积极的、自觉的实践活动。活动讲求的是效果，而这种活动的效果取决于对问题的界定、对活动的组织及团队成员之间的分工与协作，因此组织活动成为高效活动的关键点。移动学习从中得到的启示是要注意活动的设计，使活动变得有意义，为学生的学习提供可靠的帮助，这也是判断一个学习活动能否成功的关键因素。

（二）移动学习的特征分析

1. 学习环境的特征

（1）学习内容粒度细化

移动设备体积小，界面也比电脑（PC）小很多，不适合长时间连续学习。须将少量内容或者主题组织好，一次学习完成一个相对独立的知识单元。

（2）操作界面简洁清晰

受屏幕尺寸、分辨率、处理速度等方面的限制，为了在进行移动学习的短时间内达到不分散学生的注意力、减少操作的目的，应该使界面简洁，便于学生清晰地选择学习内容和路径。

（3）学习媒体限制的多样化

在网络学习的情况下，学习媒体的格式、长度、大小等都要受到网络的限制，在移动学习中这种限制会更加多样化。因为为了适应不同类型的操作系统，学习媒体的格式更是要注意的。

2. 移动设备的特征

（1）体积小

当前移动学习主要采用普通手机、智能手机、平板电脑等终端设备，移动设备的特点是体积比较小、适于随身携带。

（2）重量轻

体积的大小是衡量终端设备是不是移动学习终端的一个典型特征。因此，重量轻也是很重要的一个衡量指标。

（3）移动性好

通过以上两点的归纳，可以得到移动学习设备的一个显著特征，就是便于携带，便于移动，便于学生根据个人需要随时、随地发挥作用。

（4）数字处理能力完备

关于移动设备的很多早期论文及专著中，大家都会去分析手机、智能手机等的区别和联系。随着设备的迅速发展及技术的普及，现在的移动终端具备了越来越多的数字处理功能，如文档操作、多媒体处理、短信收发、音视频播放等。

（5）信息交互方便

在信息高度发展的今天，移动设备在逐渐走向兼容，通过红外、蓝牙、有线网络、无线网络等途径，都能很容易地达到信息更新和共享，也能很好地与人们的其他信息处理工具，如台式机等进行数据交换。

（6）社会属性显著

除了这些移动终端设备本身的属性外，人们也给终端设备贴上了很多社会性标签。在各种辅助人们生活、学习、工作的设备中，移动设备已经成为人们无法或缺的一部分，这就使得移动学习设备本身具备了很好的融人性，人们不必为了适应这种新的学习方式而选择额外的学习设备。此外，移动设备对人们具有无可替代的作用，还表现在它具有强有力的个性化特征，每一个人的移动设备都是专属的，包含了使用者的很多个性化信息。

3. 学习活动的特征

（1）泛在

由于移动设备具有轻巧、便携的特点，学生能够在任何时间、任何地点，根据需要，随时进入学习状态。

（2）跟踪

移动设备具有典型的个人化拥有的特点，可以更加方便地了解学生的操作习惯、兴趣爱好、学习规律等，就能为学生提供更加个性化、更满意的推送服务。

（3）交互方式多样

利用移动终端，人们的交互方式除了社会网络外，还增加了短信、彩信、通话、视频等，这些都可以与数字化学习方式很好地融合，非常方便、有效。

（4）随时在线

以往任何一种学习设备都不会像移动设备这样随时在身边，又加上目前多数移动设备具有很好的网络通信功能，无论对于自主学习还是协作学习，都能最大可能地保证随时在线。

（5）自主性强

在移动学习的支撑下，学生会对自己有明确的定位，能更好地去实现自我管理和监督，也会根据自己的实际需要选择适合的学习内容。

（6）情境性

一方面，移动技术使得移动学习能随时发生，促使移动学习具有很强的情境性；另一方面，恰恰是移动学习发生情境的多样化，使得很多学生会选择在多种情景下加强学习的效果。

（三）英语移动学习环境的构建

移动学习的便捷性主要表现在两个方面：①可以随时随地的学习。学生能在任何地点、任何时间、以任何方式学习任何内容，这种独特优势是其他学习方式所不能比拟的，满足了"一直在线"的学习需求，这也奠定了移动学习在未来学习中的重要地位。②可以充分利用琐碎的时间学习。移动学习以其独有的学习碎片性的特点，为学生提供学习知识的便利，使学生可以充分利用琐碎的时间，掌握一个相对完整的知识组块。此外，移动学习满足个性化的学习需求。移动学习的交互性可以实现信息及时的双向流通，有利于培养学生的交流沟通能力，激发学生的学习热情，发展学生的个性，提高学生的学习成绩和信心。基于上述移动学习的优势，应当有效地构建高校院校移动英语学习环境。

1. 完善校园网络设施

学习环境是支持并促进学生学习的场所，也是影响学生移动英语学习的重要因素。学生深度访谈结果表明，网络信号是否强且稳定对其移动学习的积极性影响很大，网速太慢会使学生的听觉和视觉都感到疲劳与厌倦，影响移动学习效果。因此，高校院校要完善和优化配置移动网络设施，做到校园移动 Wi-Fi 网络全覆盖，创建"移动校园"或"智慧校园"。

构建满足学生行业英语个性化学习需求的移动英语学习新环境，为开展移动英语教学提供基础支撑。通过对校园生态园林、树木花草及景观设施设置相应的二维码标签，手机"扫一扫"就可查看其英文简介等各种方式，着力构建校园移动学习环境，营造良好的移动英语学习氛围，让学生的英语学习能够突破时空限制，做到随时随地学习、个性化学习，真正体会到移动英语学习的乐趣，提高移动学习的兴趣和效率。

2. 强化移动学习意识

虽然高校学生对移动英语学习比较感兴趣，但对其内涵与特征的理解比较模糊，移动英语学习兴趣的持久度较低。高校学生已具备移动英语学习的设备条件和学习需求，且已有移动学习的初步基础，但对移动英语学习的认知、理念和方法仍然不够明晰。因此，高校院校英语教师一方面要加大移动英语学习的宣传，强化学生移动英语学习的意识；另一方面要将移动英语学习策略方法渗入日常教学实践，让学生学会移动学习，将移动学习作为课堂教学的课外延伸，做到课内课外、线上线下的有机结合，充分利用移动网络条件，构建良好的语言学习生态环境，不断挖掘学生英语学习潜能，培养学生自主、协作和探究式学习的习惯和能力，从而实现"个性化"教学，促进学生可持续发展。

3. 搭建移动学习平台

虽然使用移动设备进行英语学习是可行的，但其内容需要短小精悍、丰富多彩。高校院校可以与相关企业合作，搭建移动英语学习平台，开发移动学习应用软件，充实移动英语学习资源。移动英语学习平台和软件的设计要尽量做到简洁大方、目标明确；学习内容的选择应遵循微型化、实用化、系统化和趣味化原则；学习资源的设计要尽可能简易化、模块化和场景化；学习资源的呈现形式要轻松有趣，难易度适中，重点、难点突出，尽量少用文字，多用音频、视频和动画，以提高学生学习兴趣。

4. 建立学生共同体

虽然移动学习不能完全替代传统学习方式，但它确实是高校学生课堂学习的有效补充。基于移动设备与网络构建，形成凝聚力强的学生移动学习共同体，其学习模式包含自主探究学习和协作学习，对提高学生移动学习参与度及学习效率具有明显效果。高校学生的英语学习动机、基础、能力及媒介素养相对较弱，通过搭建学生共同体这种移动学习交流平台，把个体经历和所学专业各有差异的学生凝聚在一起，实时同步交流，分享英语学习资源，交流英语学习心得，并通过自主学习与合作探究，协作完成学习目标任务，可有效激发学生的英语学习积极性和主动性，培养学生的自主学习能力和团队合作精神，提高移动英语学习的效果。

5. 构建移动教学模式

信息时代学生获取学习资源信息的渠道多元，传统课堂教学模式已无法满足学生英语学习需求。对于英语学习基础、兴趣和能力普遍较差，仅靠课堂教学难以提升其英语水平的高校学生而言，如何有效利用移动学习提升其英语学习效率和自主学习能力至关重要，因而亟须构建移动网络环境下的英语教学新模式。基于"课内＋移动学习"的新型教学模式，可有效提升高校英语教学效果。移动英语学习取得成效的关键在于教师对英语学习资源的合理优化设计，教师在学生移动学习共同体中也必须起到组织、设计和监控等作用。

因此，高校英语教师要积极适应"互联网＋教育"的发展，不断提升自身信息化教育教学能力，探索构建融合移动英语学习的新型教学模式，满足新时期学生个性化学习需求，提高高校人才培养质量。

总而言之，移动英语学习是信息化外语教学发展的方向，移动英语学习环境"移动校园"的构建将突破时空限制，彻底改变以往传统的程式化英语学习模式，学生随时随地个性化英语学习得以真正实现，学生可以在真情实景中体验英语学习的乐趣，大大提高了高校学生学习英语的兴趣和效率。虽然移动英语学习不可能完全取代传统的英语学习方式，但移动英语学习必将成为高校院校传统英语课堂学习方式非常重要的补充和有效延伸。只有学校构建了良好的网络学习环境和移动英语学习平台资源，学生才能真正摆脱英语学习的时间和空间限制，有效利用其手机等移动学习设备及零碎的时间，确保移动英语学习的有效进行。在"互联网＋教育"深入发展的信息时代，社会对高级技能人才的素质和能力要求不断发生变化，高校院校应为学生的移动英语学习创造良好的环境条件，尽快建立和完善移动学习的系统环境。作为高校的英语教师，必须与时俱进，不断更新英语教学观念，采用现代信息技术手段，为学生创设立体化、智能化的英语学习环境，"营造良好的移动英语学习氛围，促进学生技能素质的全面发展，为社会提供高素质人才"[①]。

二、高校移动教学模式对英语课堂教学的影响

伴随着碎片化时代的到来，各式各样的移动教学方法顺应了时代发展的内在要求，为我国高校教育提供了新平台。移动教学不仅是我国教育技术信息化资源建设的核心，也是一种新型的教育资源形式；不仅为高校院校英语教学带来了新的机会，也为我国院校的教学模式改革创造了新条件。

（一）高校移动教学模式对英语课堂教学现状的影响

在传统的英语教学模式下，英语课堂通常由一本英语教科书和一名英语教师构成，教师向学生传输英语知识，学生被动地从课堂上学习英语知识，属于一种静态的教学模式。在传统的教学过程中，英语教师是完全的主角和权威，教师与学生之间几乎没有互动，学生在整个教学过程中始终处于一种被动学习的状态，他们的学习积极性和主动性没有很好地调动起来，整体教学效果难以达到良好的状态。

而移动教学模式恰恰弥补了这一方面的空缺，它结合了建构主义学习理论的相关要

---

① 张爱玲. 高职英语教学的反思及未来趋势研究 [M]. 青岛：中国海洋高校出版社有限公司，2018：201.

求，实现了以学生为中心的思想。例如，把微课运用于英语课堂教学，把原本传统的静态教学模式动态化，具有灵活、互动的教学特点，学习时间和机会更加自由，学生学习英语的兴趣和积极性得到很大的激发和提高，英语学习实现被动向主动的良好转变。大多数学生实现了过去从未接触过移动教学模式，到逐步认识、了解、并完全接受这种新模式的转变过程。不仅提高了自己的学习兴趣和积极性，还提高了英语综合运用能力和思维能力。

（二）高校移动教学模式对英语课堂教学过程的影响

移动教学的新模式是以学生为中心，在网络平台上运用新型的教学模式应符合教学各要素之间的关联性，能够更好地促进师生之间的互动，并且创建出与教学环境相适应的语言情境。教师在网络平台上将微课、慕课运用于高校英语课堂教学的实践中，所获得的实验结果为接下来的实验分析和讨论奠定了基础。

笔者通过实验教学的结果获得了一些启发：若想要创建高效的微课堂、慕课堂、学习通平台，把学生被动的学习状态转变为主动建构的状态，从"要我学"变成"我想学"，教师就必须及时丰富教学资源库的内容，让学生可以充分利用资源库的资源，主动地进行知识建构。丰富的教学资源和多变的输入方式，可以让学生从内心真正地接受英语、热爱英语。移动教学模式对教师的教学产生了重大影响，教师由传统的主导教学地位变成了引导地位，教师不再是知识的唯一载体，而是学习的组织者和促进者。这种教学模式能够提高高校学生的英语学习效率，并且"在一定程度上改变学生的学习态度与学习动机，有利于提高学生英语水平"[①]。

1. 对教师教学的影响

教师在设计课程的过程中，需要充分掌握课堂时间，运用适合的语言情境，以便为学生创造更好的学习环境。同时，教师可以根据学生不同的水平层次，设计出多种能够适合学生需要的学习资源，以便他们通过课堂或课余时间的教学视频进行学习，及时掌握和巩固所学知识，对提高学生的英语水平产生积极的影响。教师还应该帮助学生克服畏难心理、增加自信，充分发挥自身的潜力，在实施教学过程中鼓励学生积极参与到师生互动环节中。要想激发学生英语学习的兴趣，提高学生英语的学习效率，需要教师及时地丰富更新英语学习资源库，有效整合并利用网络环境的微课课程资源建设。相比传统的教学模式，移动教学环境下的英语学习资源库能够满足学生多元化、个性化的需求。学生即使在家中也可以利用移动教学平台完成教师布置的学习任务，如此能够让学生更有效地掌握、复习所学

---

① 李瑶. 试论移动教学对高职英语课堂教学的影响[J]. 英语广场，2019（11）：133.

的内容与知识。

2. 对学生学习的影响

在我国高校英语传统教学模式中,教师通常不注重甚至忽视学生的主观能动性,教师与学生缺乏必要的交流互动,而这些因素对英语学习至关重要。通过移动教学,我们具备了课外互动教学条件,延伸学生学习的时间与空间,利用丰富化的学习资源库和灵活化的教学管理平台帮助他们解决学习知识的局限性,无论学生在宿舍或是家里,都可以进行个性化学习。微课、慕课教学设计中的团队合作有利于帮助学生提高英语综合运用技能。在微课这一平台环境下,教师要根据英语学习的特征,把课堂教学与课外学习两者有机结合,为课外学习做好相应的准备,使它能够更好地推动课堂教学,两者相互作用,互相影响,从而提高学生英语学习效率,将学生被动的学习状态转变为主动建构的状态。教师必须及时丰富教学资源的内容,学生才可以充分利用资源库的资源,主动地进行知识建构。

丰富的教学资源和多变的输入方式可以有效帮助学生通过自主学习和互动学习的模式,减少对英语学习的排斥,逐渐地接受英语、热爱英语,只有学生发自内心的喜爱英语这门课程,才能真正地投入热情和耐心,才能持久地进行学习,从而实现提高英语水平和综合运用能力的目标。

综上所述,移动教学改变了传统英语教学模式,使学生成为课堂的主角,教师只是帮助学生学习的引导者,该模式充分体现了以学生为中心的思想,符合现代教学发展的趋势和规律,极大地激发了学生英语学习的热情。通过培养学生自主学习能力来提高实学生英语学习的自信心,这对提升英语课堂教学的质量与学生的英语水平起到了重要作用。教师使用移动教学模式,并将它运用于英语课堂教学过程中,适应了时代发展的要求,同时也满足了学生学习的需求,对加强学生英语综合运用能力的运用奠定了坚实的基础。

三、高校移动教学模式下英语学习活动的设计

(一)高校移动教学模式下英语学习活动的研究探索者

在传统教学中,英语教师往往依据教材上课,并根据作业与考试对学生做出评价。传统课堂教学模式下,师生共同参与的英语学习活动地点固定、学习时间也较为有限,局限于上课时间与上课地点的英语学习活动在一定程度上限制了学生的学习效果。如今,学生获取知识的途径丰富,移动教学模式打破了时间和地点的限制,使学生随时随地都能进入英语学习的环境。移动教育时代的到来,给所有高校的英语教师都带来了机遇与挑战。要成为新时代教学活动中学生的"导师",就先要成为教学模式的合格研究探索者。移动英

语教学模式在高校中尚处于起步阶段,在教学形式、课程设置等方面都需要一线教师的探索与实践。在移动教学模式中如何整合优质资源,如何引导学生在英语学习中有效利用网络与各种手机应用,是每个英语教师都应当认真思考和探索的问题。教师应当成为学生,尤其需加强与移动教学密切相关的网络学习工具的应用及管理、信息技术与学科课程整合等方面的学习。

(二)高校移动教学模式下英语学习活动的课程设计者

目前,很多教师采用的授课方式主要是针对专业词汇的认识与简单句式的翻译。而且由于教学内容繁杂、师生交流有限,英语基础本就薄弱的学生难以提起对专业英语学习的兴趣。因此,高校教师应不断提高自身的信息化技能和专业知识素养,成为英语学习的课程设计者,成为学生获取知识的万花筒和脚手架;高校英语教师应以学生所学专业为导向,利用移动教学模式开发针对性课程。信息时代为我们提供了充足的资源,这有助于高校英语教师根据具体情况编著教材、设计符合本校学生的课程。[1]

(三)高校移动教学模式下英语学习活动的课堂指引者

目前,在英语学习方面,大部分学生学的基础偏弱,在课堂上很难集中精力听讲,很多学生提不起学习英语的兴趣,而借助移动教学模式,教师可以由传统课堂教学向构建合作共享式课堂转变,进而提高学生的学习兴趣。在移动教育时代,英语教师应渐渐从知识传授者转型成为学习指引者:通过使用校园移动网络英语教学平台引导学生自主学习;通过对平台的管理来掌握学生的学习情况,在与学生互动交流中鼓励其积极自学;通过整合传统课堂模式与移动教学模式为课堂注入活力,利用线上线下相结合的学习模式指导监督学生,助其形成好的习惯;通过引导学生使用合适的手机应用丰富学习资源;支持学生组建自己的学习社团,通过定期指导获得反馈,引导大家相互勉励,共同进步。

四、高校移动教学下英美文学课堂的设计

(一)英美文学的教学价值

1. 人文精神的教学价值

人文精神就是人类的自我关怀,它主要表现在对价值、尊严、命运的期盼及对生活的追求方面,它是人类在生存过程中遗留下来对精神文化的高度珍视,更是对发展和实现理

---

[1] 李慧. 浅析高职英语教师在移动教学模式中的角色转型[J]. 文化创新比较研究,2018,2(5):174,176.

想人格的一种肯定和创新的概括。翻阅英美文学书籍，就会发现它所关注和推广的正是这种人类价值和精神的表现。

从文化上而言，西方人文主义的源头在古希腊、古罗马。人在宇宙中的位置，人与人、人与物的关系，人的本质等本体论的思考，促成了当时哲学学派的繁荣，也催生了古希腊的民主政治。现代人文主义精神历经了文艺复兴、世俗传统和启蒙思想等阶段的洗礼，成为现代民主思想、科学精神、人权保护甚至环保主义的理论和思想源泉。人文精神的根本出发点是对整个人类命运的关注与理性态度，引导人认真思考生命的价值、探索生存的意义。因此，它能以形而上的特征直指人的生存本质，直探人的精神和心灵世界，具有塑造人的精神世界的重要功用。

人文主义的核心价值观包括个体内在价值和尊严、个体自我实现的能力和途径，以及人的自由、平等、造福社会等观念。现代社会正处在一个多变的时代，物质文明发展的速度之快让人们很难从精神、从道德上做出及时恰当的回应，进而造成了价值观的混乱。在物质与精神失衡的年代，对人的精神世界的关注显得尤为重要和紧迫。

（1）人文精神的本质

人文精神所指的就是"对人的价值追求"，英美文学史提倡科学性与人文精神的兼容性，关怀的本质就是为了现实具体人类的所有价值。人文指的是"区别于自然现象的规律"，它的中心就是要把信仰、价值取向、理想、人文模式贯穿于人们的言行与思维中的。审美情趣认为人文精神是一个人、一个民族更是一种文化活动。人文精神就是将人的文化世界和文化生命贯注于理想追求和价值取向之中，强调人的文化世界的开拓和人的文化生命的弘扬，促进人的完善、发展和进步。人文精神是人类通过不断的探索逐步完善和拓展自己，从而进一步地提升了自己，将自己不断地从"自在的"形态逐渐过渡到"自为"的形态。

人文精神更是一种相对关注生活真谛及人类命运的理性认识，它主要包含对人的个性及主体精神的渴望。人文性的内涵可以划分为三个不同层次：①对人类的尊严和幸福的追求，也就是人道主义精神，即人性；②人类对生存真理的所有追求，也就是科学精神，即理性；③人类对其生活意义上的所有追求。通俗而言，就是要有关心他人的心，即超越性。这里需要标注的超越性主要是要尊重他人的价值，同时还要关心他人的精神上的生活；尤其是要尊重他人，将其当作精神所存在的价值体现。在中国文化不断沉积的多年里，中国的传统文化主要是偏重实际与伦理，它是把人类对其交际关系的研究和注意放在了第一位，忽视和隐含了对人类内在的心灵透视。西方的文化因为比较重视哲学，把人类对人类本性和美好社会的探究列在了第一位。西方传统意义上的文学，更重视一些自我张扬个性发展。

人文主义精神的主要出发点，表现在对人类命运的关注与态度，引导人们对生命的价值与意义进行深入分析。人文主义精神以形而上学的基本特征来展现人类的生存本质，真切的解除人类精神世界，以塑造良好的精神世界。人文主义的基本核心价值观念主要包括个体内在的价值、个体自我实现的途径与个体尊严、个体自由与平等等观念。尤其是现阶段，社会正处在一个快速发展的阶段，物质文明的进步在很大程度上推动了精神文明的发展，但多元文化的冲击又导致物质与精神的失衡，对人类精神世界的发展造成了一定的影响。一名高素质的学生需要具备良好的专业素养与人文素养，以利于学生积极地面对社会发展，因此英语专业英美文学教育应该成为传递人文主义精神的重要途径。

（2）人文精神的体现

第一，英国文学史上的人文精神。读英国文学，众所周知的是莎士比亚，他是一位人文主义作家，他的作品赞扬人的美德，歌颂爱情、友谊和忠诚。深入人物的内心世界，是莎士比亚的独特的艺术特点，这份热爱人生、拥抱人生和众生融为一体的亲和力，体现剧作家的一种宽广胸怀——也可以称之为"莎士比亚精神"。18世纪末19世纪初的英国文学是浪漫主义诗歌兴盛的时期，也出现了许多杰出的诗人，如威廉·华兹华斯等。

第二，美国文学史上的人文精神。美国文学中人文精神的形成和基本特点主要是争取和歌颂个性的自由和精神解放。例如，美国的民族诗人华尔特·惠特曼，他写出了美国人民的新声，因此被称为美国现代文学与现代诗的鼻祖，他的主要作品《草叶集》，表现出自我创造、民主的生活气息。他的写作风格有着相当丰富的多样性：作品大多是赞美普通人的生活情感和价值观，这种情感比较直率、大胆；他的作品大多是讴歌民主主义理想的，其主要特点就是高亢有力、充满热情、令人难以忘怀。华尔特·惠特曼写作艺术特点大胆打破了传统诗歌格律，创造了后来被称为自由体诗的新形式。

总而言之，西方的文化的发源不同于中国，如罗马、雅典等，都处于地中海的沿岸，其生活和生存空间有限，他们大多为了寻找到更大的发展空间和机遇，频繁地流动与交往，进而形成了发达商贸行业，他们所强调的是自然与人的对立性。他们把自然看作人所征服的对象，他们所标榜的是人类为中心主义。

2. 理性主义的教学价值

著名作家索尔·贝娄是英美文学理性主义的代表，他的作品对当时的社会有理性的认知，充满了对人类社会的理性思考，描述消费主义的社会根源、所表现的消费社会背景下人们身上所体现出的物质追求和精神追求之间的矛盾，以及由此导致的精神危机。在其作品的文化背景中，人们在追求物质生活和精神生活之间产生了强烈矛盾。索尔·贝娄揭露了工业时期人们所面临的困境，对后工业社会人类生存困境的揭示最先表现为人的"物化"，其最具代表性的作品《更多的人死于心碎》，就将工业后期人们的消费情况完全展现出来。

当时的社会将消费作为重心，在这种物质生活状态的影响下消费主义盛行，作品对这两种"主义"的讽刺上升到文化层次，期盼通过文学作品的精神价值，引导人们正确处理物质与精神的关系。生动地展现了一幅后工业社会的消费图景，表现了"以消费为灵魂"的后工业社会人们的生活，以及那些异化了的"单向度的人"，对消费道德观进行了鞭挞，并将消费主义的批判提升到了文化的维度和人文关怀的高度。例如，《赫索格》深刻地表现了后工业社会人的异化"物化"感，表现了人与自我、人与人、人与社会、人与自然等种种异化"物化"关系。在索尔·贝娄的笔下，工业化和城市化的进程让人与自然的关系变成了一种消费关系，让人的关系失去了亲情与爱情。

3. 现实意义的教学价值

从教育的角度而言，英美文学的阅读不仅可以为读者提供更多感受西方文化魅力的途径，还具有强烈的现实意义，主要体现在以下四个方面。

第一，文学源于生活，更高于生活，每部成功的作品都包含了作者丰富的人生经历和对社会现实的情感态度，对于西方文学而言，其描述的是西方社会和经济制度下人民生活的真实状态，通过阅读可以从一个全新的视角了解西方文化。

第二，阅读英美文学作品可以激发英文学习兴趣，在英美文学作品的阅读中可以积累文学词汇，也可以体会与东方文化完全不同的文学体验，在阅读与学习过程中，读者对英文的感悟能力自然也会不断提高。

第三，英美文学注重对读者人格的完善，通过作品潜移默化的影响，可以产生强大号召力，这种正面的、积极的精神鼓励，对完善人们审美观、价值观都有重要的促进作用。在阅读英美文学作品的过程中，读者会自觉进入角色中，感受人物内心的变化，以此激发读者不断探索，甚至效仿作品中的人物，不断完善自身性格缺陷，以此来获取更多精神体验。

第四，英美文学作品可谓是文学领域中的语言大师，读者可以从文学作品中获取各种不同的文化体验，英美文学作品中有大量生动的形象，通过精练的语言表达展现自己的内心思想，在帮助读者建立西方思维模式和理念观念方面都有极大推动作用。总而言之，英美文学作品作为纸质媒体，可以有效填补当前网络模式下人们语言学习方面的空缺，激发人们的理性思维。

物质文化的快速充盈，使文学艺术的发展渐入低谷，而精神文明价值是推动人类社会文明不断进步的精神力量，为人们提供纯粹的精神影响。英美文学作品有效弥补了当代物质社会快速发展形成的思想空间匮乏，可以为人们思维观念的更新、思维模式的优化提供更多精神指导。与此同时，在现代社会模式下，实现文化价值与文化产业之间的合理转化，有助于英美文学在推动社会物质框架结构不断完善的过程中充分发挥其巨大作用。

（二）英美文学的基本功能

英美文学课程的开设，将对学生语言技能的提升产生一定的积极效果。学生通过学习英美文学，能够促进自身人格的完善。学校开设英美文学课程的目的也在于对学生人格方面的塑造。英美文学教学的实质会受到英美文学作品自身的影响。学生在学习该课程的过程中受文学作品的影响，对人文思想的形成具有重要的作用。同时，教师在开展教学活动的过程中，不仅可以对学生人文思想方面进行熏陶，还有助于学生语言技能的提升。如今，在社会经济快速发展的过程中，中外文化的交流日益频繁，语言的学习对学生具有重要的作用。因此，实施教学活动的过程中，利用英美文学教学不仅可以塑造学生的人格，还有助于学生语言技能的提高。英美文学的功能主要体现在以下四个方面。

1. 提高自身审美观念

从世界文学史角度可以发现很多文学著作都是英美文学作品，其中以莎士比亚、米尔顿、马克·吐温等人作品最为优秀，英美文学教学在提高学生英语综合能力的同时，可以培养学生向更高的审美观念发展。英美文学教学在使学生获取文学基础知识的同时，有目的培养学生品读、鉴赏英美文学作品能力，通过学生品读、鉴赏能力的提升促进其审美观念发展。文学思想应用到英美文学教学中，教师通过文学思想角度引导学生进行英美文学作品品读与鉴赏，使学生在英美文学作品鉴赏、品读能力提升的同时，培养学生运用更加深入的角度品读、鉴赏英美文学作品，同时也降低了学生英美文学作品品读过程中的难度，从而帮助学生通过英美文学教学培养出更高的审美观念。文学思想应用到英美文学教学提高学生审美观念，可以使学生在文学作品选择与品鉴上进入一个新的层次，从而在更多优秀英美文学作品中获取文学知识，实现通过英美文学教学加强英语专业学生英语综合能力这一目标。

2. 培养学生跨文化意识

综合型人才是现代社会对英语专业人才的主要需求方向，而跨文化意识对英语专业综合性人才培养有着重要意义，所以当代学校在专业英语人才培养过程中都很注重跨文化意识。英美文学教学内容中蕴含着浓郁的英美文化，所以进行英美文学教学也是通过英美文学作品提升学生英美文化意识培养，使英美文化意识成为促进学生英语学历能力的助力，从而在基础上强化英美文学教学质量与学生学习效率。文学思想应用到英美文学教学中，可以帮助学生培养更加优质的跨文化意识，使学生通过英美文化角度审视英美文学作品，从英美文学中发现很多不同的语言魅力与特点，对英美文学教学质量与学生学习效率有着促进作用。

3. 丰富学生知识涵养

英美文学教学目标是强化英语专业学生英语综合能力，提升学生英语听、说、读、写、译能力，同时也代表着对学生的知识涵养培养有着促进作用。英美文学是一种英语语言艺术，所以英美文学中的语言应用都是英语的精华所在，学生通过阅读英美文学作品可以获取生动的语言材料。而文学思想应用到英美文学教学中，可以使学生切身地感觉英美文学语言的特点与魅力，使学生在学习过程中通过模仿不断提升自身的英语水平。英美文学作品是特定历史背景与文化环境中的产物，尤其是一些英美文学经典中可以完全反映出民族的历史背景与文化迁移，文化思想在英美文学教学中的应用，可以帮助学生更加透彻地了解作品所反映的内容，将作品中蕴含的民族历史变迁、风土人情及当代社会现实展现给学生，在引发学生对英美文学课程学习兴趣的同时优化学生知识结构，在基础上加强英美文学教学整体质量。

4. 构建合理学习方法

现阶段，英美文学教学方法过于注重对文法、语言的解读，导致英美文学教学中的文学作品整体性遭到破坏，这种"以教程为中心"的传统教学方法已不适应当前学校的发展需求，所以优化英美文学教学方法是发展中的重点问题。教师应该把"以学生为中心"作为现代英美文化教学核心理念，在这个基础上结合文学思想教学设计新的英美文学教学方法。新的英美文学教学方法在注重文法、语言解读的同时，利用文学思想教学优势培养学生学习兴趣，从而激发学生可以在英美文学课堂中的自主学习态度，这对英美文学教学发展有着重要作用。基于文学思想教学的英美文学教学方法，可以加强英美文学课堂教学质量与学生学习效率，为培养学生成为全面型人才发挥重要作用。

众所周知，文学的在教学中可起到教育的作用。读者在通过文学作品的过程中能够了解事物的本质含义，进而明白作者隐藏在文中的真正创作意图。当然，不同的人对文学作品功能的理解也各不相同。通常情况下，一部优秀的文学作品在读者眼中可以起到愉悦读者的作用。在读者观赏文学作品的过程中，文学文本的价值在于文章的深层含义，文章的价值与文学作品本身紧密相连。因此，在英美文学教学中，教师通过对学生人文价值的讲解与补充，有助于学生更深层次的理解文学作品。英美文学教师在教学的过程中应当充分凸显教育与愉悦的功效，将文学作品的两项功能充分的在教学活动中展现出来。

就当前教学现状而言，英美文学教学的本质始终还是教育。因此，教师在开展英美文学教学活动的过程中，一方面，注重文学艺术层面上精细的分析，然后以达到讲解文学的作用，是学生在艺术层面上获得熏陶；另一方面，教师在教学的过程中可以依据不同的文学作品挖掘其中不同程度的思想教育。其实，从英美文学教学的现状可见，教师讲解文学作品，让学生深刻体会到现货世界的丰富性，可以让学生陶醉于作品中，促使学生获得对这个世界的感性认识。

就客观角度而言，一味地坚持以市场需求为宗旨的办学目的，不利于学生综合素养的提升，极易造成学生产生个人主义，在之后工作的过程中出现技能透支与片面发展的结果，进而造成人格异化。这是因为市场能够支配学生这一主体的生产运作，但是却不能够就学生的人格及精神予以塑造，而教育阶段，是学生树立正确价值观念及生理成熟的重要时期，是学生各项心理与生理成熟的黄金阶段。在此阶段，如果不能有效的倾注给其正确的理性情感思维及人格塑造，对于其步入社会后，整体的和谐审美能力与社会适应能力都将是一项很大的考验。

作为存在于人类概念意识层面的文学，其功能在现实中能够分为外部及内部功能两种：外部功能体现于教育层面如英美文学教学，通过这类教育形式，能够使人获取新知，强化素质，健全人的人格；内部功能则体现于文学作品阅读层面给人所带来的身心感知。虽然文学存在着教育和感知两类功能特性，且不管在何种环境下进行文学作品的阅读，这两类功能皆无法完全的做出分离。但是在英语课堂内存在的英美文学作品，最主要功能还是以其教育的功能为主。在课堂中教师能够自艺术的角度进行文本精读分析，通过艺术解构促使学生得到思想熏陶。另外，教师也能够从文本之中挖掘文章所蕴藏的各类思想寓意，加深学生层面对于人生价值的理解，拓宽学生视野，使得其思想境界与人格特性得到塑造。

基于文学作品创作衍生于现实世界的经验，是文人经过想象加工而成，必然会涉及社会的现实层面，其内容是感性而原始的生活场景，能够带给人世界是丰富多彩的感受，令学生在文字作品中徜徉而获取对社会的感性认识。另外，文学作品的作者在创作中，必然会以多元化的人物形象进行纷杂世界的描绘，并将自己的经验及认识观点进行交融于作品之内，因此教师仅需就作者这类观点系统地指出，能促使学生在英美文学课堂中获得另一个世界观认知。而在这一世界观认知的过程中，学生能够有效地获得人生的经验，自作品的重新解构之中得到内心的深刻反省。而英美文学教学的目的也即存在于此，这类文学作品在课堂中的贯穿，为人文思想的渗透目的提供了实现的机会，为学生人文素质的提升提供了大的可能,通过这种人文思想渗透教学的形式,往往比传统的口号形式的教学更加有效。既能够令学生深度体会到多种类型的感性世界,又能够引导他们对于现实社会观念具备一个清晰的认知,达到一种形而上学的人生世界观思考态势。

(三)英美文学的微信公众平台课程设计

随着科技的进步和社会的发展,学生已经倾向于用手机获取信息和更新信息,享受"微时代"的速度和效度。英语教学模式应以此为立足点,以现代信息技术,特别是网络技术为支撑,使英语的教与学不受时间和地点的限制,朝着个性化和自主学习的方向发展,将移动学习的模式进一步具体化、有型化、人性化、个性化。而微信公众平台则为互联网时代的移动英语的教、学提供了一个绝佳的场所和技术支持。

传统课堂教学因成熟的教学体系有着不可代替性,但具备无限的包容性和接受能力。在关注便捷性、交互性、即时性和创新性的"新媒体时代",它亟待变革与创新。而英美文学课程的微信公众平台设计则以此为契机,对传统课堂进行了一次"微"思想渗透的大胆尝试。

英美文学课程是各高校英语专业本科阶段的专业必修课程,其课程内容的包容性、丰富性和趣味性使得该门课程一直以来深受学生的重视与好评。与此同时,英美文学课程为学生提供了听、说、读、写、译等语言技能的演练素材和场地,使他们在课程学习中可以全面锻炼语言能力,并增强文化认识,提高综合素养。因此,英语教学公众平台选取英美文学课程为依托,以微信公众号为支撑,以巩固学生课程知识、强化外语教学人文关怀为目标,并在此基础上综合展示和检测学生在课程学习过程中应该掌握的语言技能和技巧,推动教学互动、交流和分享。英美文学课程公众平台依托微信公众号的菜单功能,在微信页面下方设置三个菜单,即"签到""课程""个人信息设置"。通过菜单设置,可将平台内容进行合理的整合和分类,在凸显课程关联性的同时,满足学生对于学习人性化、个性化的要求。

1. "签到"设置

利用微信对公众号用户开放的"生成带参数二维码"功能,英美文学课程公众平台设置了"二维码签到"菜单。学生在上课前打开微信,点击菜单上的"签到",并对准任课教师预先在课件上展示的当日签到二维码进行扫描。扫描成功后,该签到信息会显示在学生的签到微信账户上,并计入"我的信息",使学生可以随时查看自己的课程出勤情况。而公众平台的后台服务器则会实时记录和统计学生的签到情况,这一菜单设置的主要目的是引起学生关注和使用英美文学课程公众平台的兴趣。因此,利用二维码签到,给传统的课堂教学注入了新鲜血液，也调动了学生使用公众平台的积极性。

2. "课程"设置

点击菜单中的"课程"一栏，会出现三个栏目的下拉菜单，分别为"英美文学""读与写"和"学与思"。其中，"英美文学"是该课程公众平台的依托点，为学生适时提供了与课程教学内容相关的文学史概述和作家作品补充介绍与赏析。英美文学课程内容和效应是具有发散性的，里面涵括了读、写、译、思等多项技能培养和演练。因此，"读与写"栏目中提供了相关文化知识介绍、文学读书报告范例、优秀作业展示、学生原创诗歌分享等，满足了学生对于推送的学习资料丰富多彩的要求，使他们能获取更多英语及英语背景知识，以促进英语语言知识的吸收和应用。同时，"学与思"栏目为教师和学生提供了反思教与学、沟通心得的有效平台。教师的教学困惑可以让学生随时了解，学生的学习困境可以让教师及时发现，毕业生的学习经验教训可以实时分享。这样一个信息交互平台为师生营造了各抒己见、畅所欲言的交际氛围，是课程教学和语言学习的有力支撑。

3. 个人信息设置

个人信息的下拉菜单中设计"我的信息""我的自测""每日一读""微社区""微课堂主页"五个栏目，致力于创造一个界面友好、形象直观的交互式学习环境。

点击"我的信息"，学生可以输入个人学号、姓名、班级、联系方式等信息，将课程公众平台转化为属于学生个体的学习空间。完成信息输入后，学生可以在该栏目的界面浏览"我的签到"记录，并在"我的成绩"中查阅到英美文学课程的平时、期中和期末成绩，实现课程成绩的透明化。

"我的自测"是公众平台为学生提供的一个学习效果测评和反馈的有效平台。目前，很多学生都期待在基于智能终端的英语学习活动中测试，获得及时的指导和反馈。而"我的自测"恰恰迎合了学生的这一需求，设计了词汇、语法、人文常识等与CET、TEM测试相关的自测题，并通过后台服务器设置错题统计，让教师监控学生的测试情况并搜集易错题，加以统计和研究，从而在课程教学过程中有的放矢地进行调整和强化。

英语教学是一个由结构有序的具有规约性意义和特定文化指向的语言构式组成的教学流程，其内涵所指示语言、文学、文化，须在"人文教育"和"技能培养"之间寻找平衡点。"我的自测"便是寻找这一平衡点的大胆尝试。英美文学课程并非阳春白雪，它同样可以为学生提供技能培养的沃土，而自测便可以帮助个体实时检验这一成果，从而为学生的课程学习提供更大的动力。

除测评和反馈外，学生还对基于微信平台的英语学习的资料的形式和内容提出了要求,希望内容精练、生活化、情境化,形式丰富多彩。对此,"我"的菜单里设置了"每日一读"栏目,方便学生随时随地利用零碎的时间阅读中英文篇章和诗歌,提高文学文化素养。"每日一读"的内容丰富而短小,配以课程教师的导读,较好地满足了学生的阅读享受和学习诉求。

此外,英美文学课程公众平台利用微信提供的互动性社区论坛功能,在"我"的菜单中增设"微社区"栏目,让学生用户可以自由发起和课程或英语学习相关的话题,说出"我"的课程建议、提出"我"的学习疑问、发表"我"的阅读心得,并及时得到教师和同学的回复,从而促进和丰富教学互动交流。在"我"的菜单中,"微课堂主页"是课程公众平台的资料汇总大本营,方便学生随时搜索往期资料,辅助课后复习与自学。

第三节 高校英语的慕课教学模式构建

慕课是随着信息技术的发展而形成的大型网络在线教育系统,它以传统的学习资源和学习管理系统为基础发展而来,慕课将传统的学习管理系统与更多的网络教学资源结合起来形成新的网络教学课程体系,慕课的发展及慕课在高校英语教学中的运行,必然对英语教学带来创新。

一、慕课教学模式的概述

慕课(Massive Open Online Courses,慕课),是一种大规模开放式在线课程。为方便了解学生的学习情况,教师可以将主电脑与学生电脑连接,在线获取学生的学习方式、学习效率,获得相关教学反馈。慕课是一种全新的在线教学方式,融合社交服务、在线学习、大数据分析和移动互联网等要素,用户可以免费获得大量在线教育服务和生动的学习体验。

(一)慕课的相关理论与主要特性

1. 慕课的相关理论

通常而言,慕课需要四点理论基础,分别是建构主义理论、群体动力学理论、情境认知理论、行为主义学习理论。

(1)建构主义理论

建构主义理论认为,知识的产生来自社会相互作用,学生在经历一系列事情以后会产生经验，然后有意识地主动在脑海中呈现与经验知识相关的客观事物形态，即学生建立的经验知识。有意义的学习是非常值得研究的，是学生积极参与理解和解释知识的过程。在维果斯茨的建构主义理论中，学生在与他人互动的过程中建立起属于自己的知识，并在理论中强调学生与教师或者学生之间的互动，是彼此知识交换的过程，在交互过程中有着不同文化背景的学生在社交互动活动动态传播知识，表明社交活动既动态化，又多元化。因此，学生的个人感受和需求必须通过教育评估。

学生在学习过程中学习和构建自己的知识。处在同一教育环境中的学生彼此相互学习，并互相补充。每个人都有不同于别人的认知特征及运作方式，同一环境中不同小组之间的社会组织也不同，正是以上差异化的存在，为学生之间的互动提供条件。此外，活动形式也是重要因素，会影响个人知识的组成，并且学生经过与其他学生合作后，可能会改变之前建立的知识建构。此种情况下，教师需要帮助学生找到和自己一致的学习共同体，彼此之间沟通知识的建构。

第一，学习的意义。学生通过学习能够获取知识。在教师指导下，学生可以利用来自各处环境中的各类资源构建属于自己的知识，在学习过程中的态度应该是主动的，而不是被注入和被动接受。

第二，学习方法。建构主义主要是以学生为中心，教师指导辅之。前者是核心，后者是前提，教师在学习过程中的作用是帮助和促进。学生不仅要处理接收到的知识并对其加工，更重要的是学生应该在此过程中主动建构属于自己的知识。在学习过程中，学生应该更加积极和主动，通过各种方式、各种途径、各种渠道搜集知识，将搜集到的内容信息与现有知识相结合，从而充分探索知识建构的过程。

（2）群体动力学理论

群体动力学在阐述理论中解释群体发展和运动的规律，表明组织如果存在多个形成的团体，不可避免地会发展出相对复杂的关系，并且此种关系也被整合在团体的各种行动中。

第一，团队凝聚力是保持团队稳定的主要力量，其整合每个成员的个人特征，团队的总体目标及个人目标联系在一起，通过两者相关性维系彼此的关系，这些情感因素在团队中存在，并在各种成员之间流动，加深团队成员的紧密性。

第二，团队的驱动力是保证团队前行的动力，在提升和保持团队士气方面皆有体现。在参与相关活动时，通常会强调团队的态度和整体状态。

第三，团队活动是以动态开展的，在所处环境中，团队虽然可以增加凝聚力，强化驱动力，但是也会在一定程度上产生不利于整个团队的耗散力，主要表现在小组的负面情绪活动、缺乏决策者和团队冲突。因此，在开展小组活动时，应尽可能避免小组的耗散力产生。换言之，组织者需要通过在团队活动中加强与团队成员的讨论和沟通，解决压力和冲突，以便团队活动可以在育人环境中得到发展。

（3）情境认知理论

人类的社会活动非常复杂，每个人都有不同的社会特征，这些特征也是由多种因素促成的，并且在每个人参加各种社会活动时，自带各种特征。可以看到，此种情况是人类认知活动的基础。学习活动通过学生参与情境环境中的认知实践过程实现，学生彼此交互自己的所思所想。情境认知过程主要出现在以下三个活动中：

第一，情境性。情境认知理论重点强调情境的重要性，相关的情境线索通常是在学习认知活动时，为了指导学生有效学习而提出。

第二，主动性。在以上提到以情境为基础的学习环境中，学生不应该只是被动接受知识，还必须与所处学习环境中的其他成员互动，在彼此交流中构建知识。

第三，探究性。在情境互动背景下，充当助手的其他成员应该帮助学生进行探索，而不是直接为学生提供解决方案。此种方式能够帮助学生解决困境，培养专业的思维能力。

（4）行为主义学习理论

行为主义学习理论认为，人类学习是密集的操作响应过程。在此过程中的各种行为能够强化完整的行为，困难行为可以分为许多较小的步骤，并且每个小步骤中的强化程度从容易实现到难以实现都不断增加。换言之，行为主义学习理论根据学习目标促进学生的学习，同时不断加强，让学生完成每一个小目标，最终向学习目标进步。行为主义理论包含以下四点：

第一，引导学生积极反应。教师根据学生的学习状态加强或补偿，使学生对自己的学习做出反应，然后在学生完成这一反应后，引导学生做出下一个反映。

第二，小步骤原则。行为主义理论要求将所学习的课程内容划分为阶段性内容，并逐步将其呈现给学生。学生一步步完成教学内容，前一个内容为以后的学习开辟道路，后一个学习是对前一个学习的补充。由于每两个步骤的难度差异较小，学生更有可能成功达成学习目标，从而使他们对学习充满信心。

第三，即时反馈。即时反馈是学生建立信心和有效维持学习行为的重要手段。即刻反馈能够帮助学生和教师及时了解学习情况，如果学生正确回答了前一个问题，则第二个问题将立即呈现给学生，这种反馈在学习过程中有很大的促进作用，能够帮助学生开始下一个学习步骤。

第四，自我指导原则。在传统教学中，教师根据多数学生的知识掌握情况，确定教学进度。这种教学法会导致学习能力下降。行为主义理论允许学生通过根据学习情况确定知识学习速度及学习进度。

2. 慕课的主要特性

（1）大规模

"大规模"指学生的数量没有限制。学习慕课的人数可以很轻易达到几千人。随着慕课普及率的增长，参与慕课的学生数量也会增加。所以，慕课是一种巨型课程。

（2）开放性

开放性指慕课参与者可能来自全球各地，并且拥有开放的信息来源、评价过程、学习环境。美国慕课以兴趣为基础，只要对某个课程感兴趣就可以参与其中，只需要注册一个账号，不论国籍都可以参加。因此，人们认为只有开放性的课程才能被称为慕课，而且这些课程必须是大规模的或者大型的，才能被称为是典型的慕课。

（3）非结构性

慕课提供的课程内容和知识点大多是碎片化的。

（4）以兴趣为出发点

通过自发形式组织学习活动，对参与者的自主学习能力和自控力都有较高要求，还要求参与者对项目主题具有一定了解。

（5）以一定的主题为基础

慕课课程模式的组织者围绕既定主题，以开放的非结构化形式为参与者提供相关资源，这些资源以主题为核心展开，主题成为知识连接的节点与创作的起点。分享自己的已有知识，获取他人的相关资源，互相连通，达到充实自身已有知识和构建新知识的目的，最终完善自身的知识网络。

（6）具有动态性

由于慕课课程开放、动态的特点，使得参与者能够突破时间、空间限制开展交流，知识的分享既可以在具体环境中实现，也可以在推特、论坛等虚拟社交媒体中实现。因此，在慕课课程中，师生关系是平等的，组织者与学生都是课程的参与者，大家以平等的身份讨论与分享感兴趣的主题，通过碰撞形成新的知识，不断延伸自己的知识网络。在对参与者参加的测评中，组织者的做法也不同于传统意义上的考试打分，他们通过参与者参与课程讨论的积极性，肯定表现突出的参与者。

（二）慕课与英语教学课程的融合

1. 高校慕课与英语教学课程的融合优势

（1）有利于学生系统学习语言基础知识

慕课的特征有系统化和专业化。慕课构建了一个具有逻辑性和系统性的知识体系课程平台，其课程设置学习结构是以单元划分来完成的，学生可以从知识图谱中根据实际情况各取所需。慕课可以凭借其严密的知识体系构建准确的语言知识系统，使学生在原汁原味的语言环境中进行英语交际，有利于学生掌握语言基础，提高英语学习效率。

（2）授课时间科学化

慕课课程的授课时间符合学生的大脑认知规律，符合学习的科学规律，它不是以传统的45分钟一堂课的时间设置的，而是将其细化分解为多个知识单元，若干个知识点做成的10分钟小视频，同时通过多媒体技术更直观、快速地展示学生抽象难懂的知识，以提高学生的学习效率，调动他们的学习积极性，增强他们学习英语的自信心。

（3）因材施教，调动每个学生学习的积极性和参与性

慕课丰富的教学资源及多样的教学活动打破了传统英语教学的枯燥乏味，解决了课堂气氛沉闷、教学效率不高及学生对语言的应用能力不强等问题。慕课给学生自主选择的权利，采用了个性化的教学模式。学生可以通过慕课平台与教师互动交流，提出疑问。而不同学习程度的学生可以自由选择适合自己学习程度的课程，积极参与，达到因材施教的目的。

（4）有利于学生自主学习和研究英语课程，培养学生自主学习能力

传统英语教学是以灌输式为主，而慕课可以为学生提供个性化、系统化的英语教学内容，培养学生的自主学习和探索能力，提高学习效率，同时也有利于授课教师进行信息积累，了解学生的学习情况，及时改进授课方式。

2. 高校慕课与传统英语课程的有机融合

慕课与传统高校英语课程恰当融合需要结合学校的具体情况，以高校英语改革的整体思路为主，调查学生的薄弱基础和未来就业发展方向，以及社会对英语人才的需求状况，从而提高课堂学习效率，树立学生学习自觉性观念。同时，恰当引入在线开放课程，以学生为主体，注重学生英语语言应用能力的培养，"结合慕课与传统高校英语课的利弊，取长补短"[①]，不断积累高校英语课程教学经验，完善教学模式。

（1）制作高质量的慕课视频

教师要根据教学经验丰富教学内容，制作出思路清晰、具体生动的教学视频。制作和录制视频的教师团队要认真研读教材和全面了解教学大纲，结合学生的实际情况，有针对性地设置教学内容和教学目标，合理设计，恰当选取题材，设计好视频并及时完成，以供学校开放课共享。

---

① 高巍. 慕课与大学英语课程整合研究[J]. 江西电力职业技术学院学报，2018，31（8）：2.

（2）采用慕课教学实践的优势，完善英语教学内容

结合慕课的课堂教学实践，教师应督促学生做好课前自主学习。学生要以学校慕课平台为学习契机，及时观看所学单元的相关英语教学视频及学习资料，深入了解英语课程内容相关的文化背景，熟悉课文结构，并且能正确朗读课文，看懂课文，自主完成练习，及时将疑问在课堂上进行探讨。同时，学生也可以在线与教师、同学进行有效沟通和交流，通过提问和讨论的过程培养语言交际和应用能力，增强学习自信心。这样不仅可以显著提高学生的英语交际能力和学习效率，教师也可以有效提高教学质量，达到教学目的。

（三）慕课对英语教学的优势

1. 慕课教育资源广泛、优质、模态化

慕课打破常规教育的人数、时间和地域限制，学生不必严格根据课程时间安排到特定的实地课堂中接受教师传授知识，既支持学生随时随地随身学习，又支持大批量学生同时段学习，从一定程度上激发了学生的学习热情和兴趣，能够更加积极主动地投入学习中。慕课课程的学习内容全凭学生爱好与需求自主选择，可以在特定时间段内完成学习过程、提交随堂作业、参与知识考核，且一切的教学资源都是透明公开的，整个学习考核过程公平、公正。

慕课课程内容打破了传统学科限制，强调知识信息的综合性、实用性和普遍适用性。同时，有效实现各个学校之间的资源互通和互补，促进顶级学校资源向普通学校的共享流动，弥补我国学校资源分布不均的现状，更有利于人才综合素养的提高和高等教育的整体性发展。

慕课课程的内容通常利用视频形式体现，由相关专业的教师团队经过反复斟酌、精心研究确立而成。大多数的视频主讲教师都是知名学校的顶尖教师，雄厚的师资力量确保了其课程内容设置更加合理，讲解质量更好，学生接受度更高。

慕课的课程设计有效利用模块形式，体现出各个课程的特色。把完整的知识体系按照内容分解成一批相对独立的小模块，让内容条理更加分明，且重点突出，一目了然，并借助10分钟左右的视频，将其具体表现出来，有效集中学生的学习注意力，帮助学生更好地理解和记忆知识。

2. 慕课具有以学生为中心的教育理念

（1）兼顾不同学习能力

传统课堂教学着重强调教师的"教"，教师按照统一的课程内容和进度要求一对多地

进行知识的讲授和传输，这种"一刀切"的教学模式难以顾及每个学生的能力和需求。慕课则不同，学生可以自主选择与自身能力相符合的课程知识，自己安排学习计划和进程，可以重复回放视频课程，反复学习知识难点和重点，进而提升学习效果。

（2）满足不同学习方式

慕课的用户可以利用特定的论坛、网站等平台，与教师和其他学生进行实时交流和互动，互帮互助，一起解决学习过程中遇到的困难和问题。同时，利用课程视频中的测试题、线上测试题、线下作业等方式检测学习效果，强化知识的理解和记忆；利用教材注释、虚拟实验室等辅助工具，随堂记录课程内容和学习心得，对需要做实验的课程进行在线模拟实验；利用教师、其他学生和自己的评价综合考量学习结果，及时发现不足，有针对性地修改，从而不断提高学习效果。

二、基于慕课的教师教学能力发展及其影响

（一）基于慕课的教师教学能力发展

课堂组织能力是教师必备的教学技能。没有科学有序的课堂管理秩序，就没有好的课堂效果，学生学习的主动性的积极性和最后的学习成绩都无法得到保障。课堂组织能力需要充分发挥课堂优势，引导学生学会学习，主动学习，从而达到提升课堂教学目标，完成教学任务的课堂基本形式。课堂组织能力是体现教师综合素质的关键能力，需要教师不断学习新的教学理念，不断从日常教学经验中汲取能量。教师的课堂组织能力突出，班级管理会较好，实现班级管理目标，那么教学成绩的提高就是水到渠成。如果教师没有真正地深入学生，没有下功夫研究班级管理，没有深入了解课堂的组织方法和形式，会反过来影响教学成绩的提高。学生没有兴趣学，教师没有心思教，最终的结果会导致教学任务拖延。因此，教师的课堂组织能力是新课程实施过程中需要不断深入发掘的重要理念。

传统英语教学模式是以教师课堂上传授知识为主，学生听讲为辅，学生缺乏一定的能动性；而慕课是以网上资源、微视频等作为教学手段，学生在家提前观看，部分慕课还能对学生的学习结果及时检测，这些学习结果也会及时反馈到教师手中，教师课堂上指出问题，答疑解惑，这样使教与学能有效地结合起来。

当今高校教师队伍不断壮大，面对"慕课"教学模式的巨大冲击，高校英语教师如何构建和提升自己的教学能力，其科研能力的高低、创新意识的强弱，直接影响高校教育质量水平及学生创新能力的培养。所以，在慕课的时代背景下，高校英语教师要主动应对转型发展的挑战，转变角色，改变教学方式，提高教学水平。

1. 教师教学能力发展挑战

高校英语"教师既要反思计算机技术在教学中的实际应用效果，又要认真思考教师的教学能力如何能够进一步得到升华"。[①]

（1）慕课对英语教师教学过程的挑战

慕课是"微课程、小测验、实时解答"，这是慕课的核心，也是它广受学生欢迎的理由。慕课平台上都是"微课程"，一般时间持续在几分钟到 10 分钟，是学生注意力集中的时段，容易获得信息，容易学懂知识。这就要求我们的英语教师在备课、授课时，一要备讲授时间；二要备讲授内容；三要备解惑答问。

（2）慕课对英语教师教学能力的挑战

慕课的教学模式，与传统的 40 分钟、50 分钟授课是不同的：①对授课有效时间要进一步细化。慕课的视频课程往往被切割成 10 分钟甚至更小的"微课程"，这是基于对大脑的认知研究而确定的；②教与学互动的增加。慕课不仅可以将微课程通过 PPT、微视频和微音频的方式随时随地呈现，而且还会将许多问题和知识点递进连贯，只有答对了这一点才能继续下一点；③注重知识传授过程的信息反馈。慕课能够及时提供给学生答疑解惑的服务，学生在学习过程中有疑问，可以在平台上直接提出，很短时间内就会有师生提供解答，不仅方便了学生的学习，也有利于任课教师及时了解学生接受知识的情况，进一步改进授课内容和方式。

（3）慕课对英语教师创新知识能力的挑战

当慕课建设发展到一定的阶段，竞争的焦点必然会由教学模式转变为新的教学内容。如何提升教师个人的知识创新能力，也是当前教师需要考虑的问题。知识的创新离不开知识的积累、融合和贯通，需要从两个方面进行积极的挖掘：①教师个人的知识挖掘，包括教学方面的知识加工和提炼，把科研方面取得的成果应用于教学之中；②教师群体的知识挖掘，教师群体的智慧叠加在一起，具有更加广泛的创新基础和条件，是实现协同创新的重要途径。

2. 教师教学能力发展策略

（1）发展分析、处理教材资源的能力

慕课背景下，高校教师的教材范围广阔，不仅有教科书、阅读资料、教学音像等，还有大量的网上慕课资料，如何利用好这些教材资源，这需要"教师提升分析处理教材资源

---

① 隆涛."慕课"对高校英语教师教学能力的挑战及对策[J]. 中外企业家，2015（23）：151.

的能力,能够快速梳理知识结构,把最有用、最及时的知识信息传授给学生"。[1]

(2) 发展教师的教学设计能力

在慕课背景下,面对线上、线下相混合的教学模式,教师应提升自己的教学设计能力,即对自己课程的教学目标、教学内容、采用何种教学方法等各因素构成的教学活动,进行系统的思考、合理的安排。只有不断发展教师的教学设计能力,才能达到良好的教学效果。

(3) 发展选择教学策略的能力

慕课要求教师在教学策略、课程设计上精心策划,如何将慕课的学习模式引入到传统课堂教学中,从而引导学生思考,这就要求教师能把课堂内外和学生在网络上的学习内容做好衔接和规划,选择好的教学策略,才会实现较佳的学习效果。

(4) 发展变革教学方法的能力

慕课背景下,教师讲授课程的过程变为"课程设计—录制相关视频—课上引导答疑"。学生提前通过网络学习相关慕课课程,教师在课堂上组织学生交流、反思、讨论。"人—电脑"的教学方式,替代了传统的课堂与学生面对面的教学方式。教师只有不断地发展变革教学方式的能力,才能最大限度地促进学生的个性化学习。

(二) 慕课对教师教学发展的重要影响

在经年累月的教学实践中,一部分教学一线的教师或教育理论家对课堂教学变革的呼声一直没有中断,他们或大胆地实践尝试,或进行建设性的理论探索。慕课改变了知识传授者与学生之间的关系,推动了学校教育、课堂教学方式的变革。

1. 慕课对教师讲解能力发展的重要影响

(1) 传统教学的教师讲解能力

第一,课堂讲解的功能。讲解指讲授法,即教师通过口头语言向学生讲授、传输知识和技能的教学行为和方法。讲解借助语言深入研究和剖析知识的组成要素、形成过程和内在联系等,帮助学生系统理解和掌握知识的内涵及规律。讲解最主要的特点是用语言传递教与学的双向信息。在课堂教学过程中,讲解常常和其他教学技能相配合,用于传授科学知识,解决学生在学习过程中遇到的疑难问题,加深师生之间深层次的情感互通和互动、培养师生感情等。教师通过讲解能够有效帮助和引导学生增加知识储备量、培养各种学习能力、树立正确的思想道德观念等,是教书育人的重要手段。大量研究和实践证明,准确、恰当的讲解既能让知识的传授过程变得得心应手,有效节约教育成本,又有助于学生高效率、高质量地认知和理解知识。课堂讲解能力具有六个重要功能和作用(见表1)。

---

[1] 徐爱芳. 慕课视角下高校英语教师能力发展策略研究 [J]. 校园英语, 2019 (46): 36.

表1 课堂讲解的功能和作用

功能	作用
有利于系统讲授，强化认知	教师在教授新的内容和知识时，运用讲解方法更容易让学生对所学内容和知识建立起正确、完整的第一印象；也能使学生更清晰地明确新旧知识之间的联系与区别，从而强化对所学内容和知识认知的准确性
有利于帮助学生精准把握知识规律，形成正确的思维方式和系统的认知结构	教师通过对知识点或者具体问题的详细解说和剖析，为学生提供正确推理思路和科学思维方式方面的具象示范，帮助学生从学习知识到学会学习知识
有利于精准把握教学重点，有力攻破教学难点	教师讲解知识时，可以利用强调、刻意停顿、减缓速度等方式，引导学生深刻记忆、透彻掌握知识难点和重点。如果教师的讲解逻辑够严密、层次够清晰、推理够精准、剖析够通透，学生则能够少走弯路，高速高效地理解和掌握知识
有利于节省时间，提高效率	教师在课堂上进行精准的讲解，比学生自己学习或者自己领悟，要节省时间
有利于培养学习兴趣，激发学习热情和积极性	教师强大的人格魅力和言行举止会于潜移默化中影响和感染学生
有利于把握节奏，调控课堂	讲解的教学方式方便教师自主、合理地控制课堂教学进度

第二，课堂讲解能力的应用原则。课堂讲解能力的应用原则包括以下三点：首先，学科性。学科性即要求每个学科的任课教师将本学科的专业术语作为核心语言解说和剖析知识内容。因为不同学科有其独特的基础概念和理论体系，共同组成具有鲜明的学科特征、蕴含本学科知识内涵和规律的知识结构系统。其次，点拨思维。教师的讲解要充分尊重和遵循学生的认知规律，严格按照从表面到内核、从已知到未知、从具体到抽象的循序渐进认知过程。教师要在学生认知能力和情感需求基础上，巧妙提出学生关注的思考性问题，并结合相应的情境设定，有效激活学生的学习欲望和兴趣。同时，要善于在讲解过程中引导学生思维方向，帮助他们充分发现问题，有效解决问题，进而树立正确的思维方式。最后，生动启发。教师通过口头语言传授知识，虽然有利于教师自主把控教学内容和方式，但通常情况下，学生只是被动接收，缺乏一定的自主能动性，对教师的讲解水平和能力提出了更高要求，如果不注意会导致学生陷入松散倦怠、注意力不集中的状态，从而影响教学效果。所以，教师要充分发挥语言艺术，加强情感交流和互动，利用生动鲜活的案例、故事等内容调动学生积极性，启发学生思维。

第二，课堂讲解的类型。讲解教学中，依据具体内容的性质，可分为事实性知识讲解和抽象性知识讲解两个类型。首先，事实性知识讲解。主要运用于文科教学活动，指教师详细地解释、说明、阐述教学内容中具象的事件及其发展过程等。其次，抽象性知识讲解。主要运用于理科教学活动中，主要内容包括概念、原理、方法、结构、公式、规律、问题等。依据论证的思维方式，可将其分为两种：①归纳式讲解。教师带领和指导学生对某些具体物质的相关事实材料进行研究分析、对照比较和归纳总结，提炼出事物中所共有的本质、特征或规律等。②演绎式讲解。教师带领和指导学生运用特定的原理、公式等合理推理、论证某个事物，最终得出结论，认识事物。该教学方式遵循的认知规律和归纳式讲解相反。采用演绎式讲解时要综合考量学生的实际情况，充分考虑学生的认知能力和接受程度，应谨慎选择。

第四，课堂讲解的程序。讲解教学是围绕课程主题开展的系统连贯、层次明晰、顺序明确的阶段性完整教学活动。

事实性知识讲解程序：①提出问题。首要阶段，主要是为了集中学生注意力，通过对知识内容简明扼要地概述，让学生对接下来的教学内容有大体了解和把握。②叙述事实。主体阶段，进一步详细描述和介绍具体事实，从而达到以事论理的目的。③提出要点。关键阶段，引导学生从事实内容中提炼出其背后蕴含的思想和道理，深刻把握内容主旨。④核查理解。检查和评价学生的学习成果，考查学生对具体事实和主旨思想的理解和掌握程度，并给予及时合理的反馈评价和建议。

归纳式讲解程序。从具体、特殊的事物中提炼总结出抽象、一般的本质、规律等相关概念的思维过程。具体程序主要包括四个方面：①列举感性材料。主体阶段，是整个程序的基础。罗列出来的感性材料既要与一般的本质、规律等紧密相关，又要尽量保证典型、丰富，以免因为感性材料问题总结提炼出片面、错误的概念。②指导分析。关键阶段，充分调动学生思维，引导学生根据要求将所有感性材料进行形式、内容、特征、关系、成因等方面的整体性分解，为下一环节奠定基础。③综合概括。核心阶段，和分析一起同属智力活动，是利用思维将上一阶段分解的结果整合起来进行对照比较，找到并筛选出共有属性，再总结归纳得出结论。④巩固深化。最后阶段，将新结论进行类化，帮助学生在类推中加深知识的理解和记忆。

演绎式讲解程序。从一般、抽象的事物中推理、论证出具体、特殊结论的思维过程。具体程序包括四个方面：①提出概念。起始阶段，是所有环节的基础，包括提出抽象概念，分析较高的原理、概念、定义、公式等；②阐明术语。关键阶段，目的是更加清晰明确地界定概念，准确把握其内涵和外延；③举出实例。核心阶段，是将提出的抽象概念运用到具体事物上进行推理论证，得出结论，是从一般到具体的思维过程；④巩固深化。经过实例论证得到概念，再经过运用和说明等操作进一步加深理解，巩固认知。

（2）慕课教学形式下的教师讲解能力

课堂"翻转"改变传统课堂教学相关要素的动态组合，这种改变势必引起讲解技能的变化。慕课作为一个教学过程，可以用交流信息的方式呈现出来，运用类似于谈话方式的讲解，音调根据需要进行变化，其高低、强弱因学习内容而定，通过夸张有效地突出重点，引起学生的共鸣。课程的重点要言简意赅，深入浅出。只有抓住重点，才能突出重点。对于重点问题，要讲精、讲透。精讲不等于少讲，如果讲得过于简单，学生则不能掌握所学内容，更谈不上质量上求精。对于能举一反三的内容，举一是教师的事，要多讲，讲深讲透，直到学生能反三；反三则是学生的事，是学生在学习过程中利用已知探求未知的过程，这个过程中教师尽量不要讲，更不能包办代替。

第一，联系新旧知识，形成完整体系。讲解教学的显著优点之一是能够帮助学生充分了解和把握新旧知识之间、新知识内在要素之间的联系。教师在日常讲解教学中，既要帮助学生形成完整的本学科知识体系，又要引导学生建立科学的认知结构。教师在讲解时要将新知识与学生已有知识结构联系起来进行深入浅出、准确清晰的讲解，便于学生更好地理解和吸收新知识，并在新旧知识之间建立起实质性联系，将新知识完全融入已有知识体系中，形成有机整体，融会贯通，提高认知技能和能力。

第二，启发思维，发展认识能力。讲解的主要目的除了要传授具体知识，更重要的是引导学生开动脑筋、建立正确的思维方式和认知技能。要求教师在讲解过程中善于引导和启发学生，充分调动学生思维，引导思维方向逐层深入，让学生在学习知识的同时学会如何学习知识。教师运用各种生动形象的讲解方式时，应从具体到抽象、从感性到理性层层递进，帮助学生准确把握认知规律和方法，使学生养成独立思考和解决问题的习惯和能力。

第三，培养求知兴趣，激发学习动机。学习是不同动机共同作用的结果，深受学生情感、情绪等主观因素影响。学习兴趣是积极向上的、良好的学习心理，可以充分调动学生的学习激情和求知欲，产生无限动力。所以，教师要利用各种教学手段激发学生的学习兴趣和积极性，而具有趣味性、灵活性、直观性特征的生动讲解则能够很好地达到这一目的。

2. 慕课对教师专业能力发展的重要影响

当今世界是开放的，是平等的、共享的、可视的，人与人之间充满了竞争与合作。计算机、互联网的普遍应用，现代通信技术的迅猛发展，使大规模的信息共享成为必然。教育信息化是推动教育改革与发展的需要。慕课这种新的教育机制让任何人不受时间、年龄、场所的限制，可随时随地随意地学习，成为手段更新、规模更大、成本更低、速度更快、成效更明显的教育模式与教育环境，意味着教师要有意识地进行思想革新、知识更新，肩负起时代重任，不断学习、掌握必备知识，才能让自己成为不可替代的人，做不可替代的工作，未来职业生涯才会相对稳妥。

（1）慕课对知识分类与结构的影响

教师知识量与知识结构的不同会对教学成果产生重要影响。教师知识量一般指教师所掌握的知识的门类，教师的知识结构则指该门类下教师对知识掌握的深浅程度。此外，还有一些知识是为教师所共有的，如教育相关的知识。这些知识有些可以从既有书本中获得，有些则需要从课堂实践中获得。教师个人知识是教师个人所拥有的经验、体验和信念的整合体，是一种复杂的具有整合性、场景性和多元表征性的知识，是教师教育教学活动的直接支撑，是教师专业发展的重要标志。

第一，本体性。指的是教师在其专业领域内掌握的知识，这种知识主要是以学科的不同来划分的。对本体性知识的掌握是衡量一个教师专业素养的重要标准。毫无疑问，要实现卓越的教学成果，具备该学科领域内过硬的知识储备是必须的。

第二，条件性。这一特性要求教师能够因地、因时地进行知识输出，也即教学活动的开展。每一个知识都是客观的，但知识输出的环境和方式却是主观的，如何在不同的客观条件下尽可能地达到预期的授课效果，是每个教师都要面临的重要挑战。

第三，实践性。实践性知识，即教师积累的教学经验，是在实现教学目的行为中教师所具有的课堂情境知识。较之研究人员的科研活动，教师的教学具有明显的情境性、生成性，同时易受个体经历影响，常以个体化的语言和丰富的细节呈现。本体性、条件性、实践性是一个有机统一的整体，本体性强调对知识的客观储备，条件性强调对知识的输出能力。实践性是本体性和条件性得以实现的客观行为。教师专业形象从"技术熟练者"（熟练型教师）走向"反思性实践者"，意味着教师专业发展模式也需要实现从"技术理性模式"到"反思性实践模式"的演进。名师工作室与新课程相伴而生，构建了一个个公共的反思空间与实践场域，旨在帮助教师成长为反思性实践者。为回归教师专业发展的实践旨趣，有研究者尝试以反思性实践为视点，重新审视名师工作室的研修理念、研修原则与研修过程。

第四，文化性。具体而言，教师的文化知识包括三个方面：①基本哲学理论知识，包括辩证唯物主义和历史唯物主义知识。②社会科学的理论与观点，如法律知识、民主思想、经济学观点和社会学方法等。③教师的信息知识。人类的知识、学问、智慧以及从客观现象中提炼出来的各种规律、知识皆可称为信息，是一个社会概念。如今，人们生活在信息爆炸的时代，应该具备敏锐的感受信息能力、持久的观察信息毅力、果断的决断信息魄力。信息可视化和知识可视化是当今社会的客观存在，随着知识经济、信息经济时代的到来和现代科学技术的迅猛发展，知识、信息和技术已经成为现代生活必不可少的资源。因此，需要处理好"量"与"质"的关系。

第五，信息性。网络环境影响深远，对教师而言更为重要，要求教师必须具备良好的信息素质，即敏锐的信息意识、较强的信息能力、高尚的信息道德、熟练的计算机信息检索技能。教师是学生学习知识的引领者，须及时进行角色转换，不断提高信息素养，运用多媒体网络技术，更好地为教学服务。

（2）慕课对教师学科知识的影响

教师是人类文明的继承者、传播者和创造者，是社会存在和发展进步的桥梁与纽带。教师是教育教学活动的专业主体，其专业成长必然是其自身知识的习得与拓展和延伸的过程。

第一，教师学科知识的认知。首先，内容实体知识。内容实体知识涉及相关学科有关的事实性材料信息中心概念及其规则，如汉语言文字基本知识中的汉字、词汇、语法、修辞、文体和文法等，是区别学科教师风格的基础，直接影响学科教师的专业性，决定教材的选择和研究及课堂的构建评价与批判等。其次，形式结构知识。最能区分学科专家与教学专家、教学高效与低效的教师是操作性知识，能够直接反映课堂的预设与生成，呈现教学策略，涵盖科学方法，是具有本学科性质和学习价值与意义的知识。最后，学科倾向知识。学科倾向知识，可以认为其关乎教育目标和目的、教育价值及哲学背景与信念，影响教师的行为，特别是日常教学活动。教师学科知识的基础框架越明晰，对教师这一职业专业化提出的要求越精准，对教师资格的认证越严格，对教师专业成长越有促进。

第二，学科的体系结构、概念和原理。在教学领域中，最常提到的基本概念有教育、教学、课程、教材、学习、教师与学生等；其结构体系有学科知识体系、教学课程体系、培养计划与目标体系等；其基本原理有教学目标的设定的来源与选择、教学组织形式与教学评价等相关内容。作为教育与教学的实践者或研究者，应该理解教育与教学内涵与两者之间的关系，理解课程与教材的改革与实效，理解教师与学生的角色定位，还能理解学习基本理论框架，树立终身学习的观念。知识是基础，理论为先导，培养能力为目的，讲究方法实效是关键。在教学实践中，教师绝不能似是而非、模糊不清，解释起来含糊其辞，而是需要教师吃透相关知识与理论，传授给学生。

第三，学科在知识体系中的地位和作用。任何学科课程的开设都有其机缘与必然，或日渐消亡或日臻完善。社会科技的发展，时空不断拓宽延展甚至被打破，人们的生活越来越多样化，教育促进人与社会的可持续发展，而教育本身又是社会生活的一部分，也具有生长性，需要推陈出新，不断改革创新，从而引领时代洪流。与学习生活紧密相连的包含以下类别：首先，教育基础类学科知识。基础教育面向全体，为学生终身发展奠定基础。学科知识与生活主题密切结合，具有实践性、综合性等特点。例如，语文学科具有基础性、工具性、人文性特点。其次，教育教学专业类学科知识。当今教育改革令教师比以往任何时候都迫切需要理论的给养，也促使教育研究更倾向一线的实践。教师应当积极广泛阅读，拓宽专业知识，获取深厚的专业学识与素养，提高教育教学研究的实践能力，提高教育教学研究的效果。要时刻思考和实践新课程。最后，公共类基础知识。例如，时政经济、法律法规、地理生物、人文历史、科学技术、医疗保健、行政与公文写作等知识，关乎社会生活的方方面面，教师若能在熟练掌握本专业知识基础上广泛涉猎，可以促使自己在不同领域间拓展思维方式，拥有很好的学习状态，让自己有更高的含金量。

（3）慕课对教师基础知识的影响

一个合格的教师不仅要有渊博的普通文化知识，还要饱学多识，具有科学的人文素养，并将其内化为自身的文化素养，从而形成独特的人格素质。认知的世界和处理的对象可以分为客观世界、情感世界、心灵世界及人与人、人与社会的关系，分别对应科学素质、艺术素质、信仰素质和人文素质。

第一，教师教育的对象。教师教育的是活生生、独立的人，他们需要通过教育塑造、发展。人是社会的人，处在群体文化氛围中，有"文化""背景"，有"社群""合作"。在这样的"四维"中，教育工作需要具有"人文性"。"文化"在拉丁文中是"培养"的意思。普通文化知识具有陶冶人文情操、养成人文素养的内在价值和外延力量。中国几千年的文化底蕴、世界文化的交流碰撞、多元化思想的形成，都要求教师有广博的知识储备与知识结构体系。教师要做博学多识、见多识广的"饱学之士"，要成为具有个人风格与个人魅力的"儒雅之士"。社会科学、自然科学等知识皆可内化为一个人精神境界的一部分。

第二，教师的责任。教师的职责之一是传授知识，满足学生多方面的求知欲和好奇心。因此，教师要了解丰富多彩的世界及身心健全发展，促使自己全面吸收更多、更广的知识，在学生与家长心中树立声誉和威信。知识是相通的，一个领域的进步必然会促进另一个领域的发展。不论是东方的传统还是西方的传统，教师都具有崇高的地位，因为教育是整个人类沉浮升降的枢纽。

第三，教师职业的新特征。首先，教师职业的教育性与预期性互相统一。从教育目标来看，教师职业的教育性与预期性互相统一。现代教育的核心目标是以人为本，实现人的发展，为未来培养合格人才是教育的主要功能。传统意义上的教师口授身传，学生接受后认识社会并缓慢地适应其变革。但随着社会的快速发展，人类面临更多、更大、更复杂的挑战。所以，现代新型教育需要教师对未来发展前景做好预测，并通过切实有效的教育教学计划、教育教学活动，引导学生在价值观、个性品质及知识与能力诸多方面有长足进步与发展，使他们不仅能适应现实环境与生活，更能科学地预计未来。

其次，教师职业的示范性与表演性逐步增强。从实施手段来看，教师职业的示范性与表演性逐步增强。在传统课堂教学过程中，教师只需要具备语言、体态、粉笔板书，使用各种直观教具进行授课即可。教学工具发展到幻灯机、计算机、投影机，知识载体越来越多，教学手段与教学媒介多样化。如今，微课、慕课等新的授课方式不断涌现，多媒体展示系统和网络课程管理系统不断更新，教师不得不面对日新月异的挑战，必须熟练地利用这些技术媒体和新型工具，用于综合性地规划设计自己的教学流程。

再次，教师职业的信息性与科学性逐渐增强。采用视频形式的微课慕课，强调信息技术与课程的整合，在很大程度上取决于教师的信息技术水平。因此，教师除具备相应的专业知识，还需要具备运用新技术组织和实施教学的能力。在学校，教师被称为"信息技术的移民"，学生才是"信息技术的原住民"，这种不对等让教师倍感压力。学高为师，通达为师，教师必须不断学习，更新自己的知识储备，吸收新的信息和知识，不断调整自己的知识结构，以适应飞速发展的时代。

最后，教师角色的新变化。教师角色指教师在一定社会环境中所承担的职业责任和行为，包括两个方面：①教师的实际角色；②教师的被期望角色。专业发展是教师本人根据个人、学生和社会要求，逐渐转换自身角色的过程。

在当今世界，知识与能力能让人更自信。人际关系很重要，但绝非成功的唯一途径，真正的成功取决于个人自身能力。因此，现在很多学生在学习时会多问"为什么"，想知道"所以然"。教师需要具有丰富的知识储备，需要具备分析事件和实践的技能，需要求教师钻研教材、开发课程、拓展教学模式。慕课课程需要广大一线教师的积极参与，分析教学重点、难点和焦点，以短视频的形式传授或探讨某个知识点及其运用的训练技巧，分析学生这个受众对象实际的客观情况，分析多少人能积极地参与某项活动及可能取得的效果并进行修正。

（4）慕课对教师教学知识的影响

学科教学知识（PCK）作为教育教学的基础，在教师知识中具有中轴性的地位。教学知识是一种极为特殊的知识，它既脱胎于长期的教学实践之中，又生长于专业的学科知识之上，这些知识在不同的教学环境中出现、生长、被否定、修正、继续生长。在经历不断地否定与重构以后，教学知识已经成为具有重要价值的知识。教师是一种特殊的职业，是一种以培养人、发展人为宗旨的职业。因此，对学科教学知识进行合理科学地解读，明确其内涵和形成机制。

第一，学科教学知识的特点。学科教学知识具有三个特点：①整合性。教学中，教师可以将多方面的知识整合起来，教授给学生；②转化性。学科教学知识为教师所专有，为帮助学生把握所学知识，教师可通过自己的再创造并结合具体的教学情境随时调整，以便因材施教；③建构性。教师个体在教学情境中将已知的静态知识主动建构成怎样教的动态知识。

第二，学科教学知识的地位。学科教学知识是教师知识的核心，是教师将学科知识、教学知识、教学理论与教学实践高度融合的个体知识。教师的知识体系结构在学科教学知识出现后才形成系统，紧密联系其他知识，实现知识与思维的契合，为开展更有效的教学创立条件。学科教学知识是保持教师知识动态化的原动力。信息时代背景下，人们获取知识的途径广泛而多样，教师作为知识传承者的角色被淡化，教师的知识权威受到前所未有的挑战，与时俱进、坚持学习，更新知识结构，是当今教师的新常态，是教师成长的必由之路。学科教学知识拓宽了教师的专业知识基础，较之传统教育狭窄、零散、孤立的知识结构，如今的教师学科知识基础面更宽，结构更稳定、更多元。在教学实践中加强学科教学知识的储备，更能彰显教师所教学科的专业性和教师教学的实践性。

第三，教师实践知识的内涵。尽管有丰富的理论知识做支撑，但教学知识本质上还是为实践服务的。知识如何转换为实践本身也是一门需要研究的学问，这就是实践知识的内涵。从课堂实践来看，实践知识运用的主要环境就是课堂授课环境，如何处理客观知识与多变授课环境的关系就成为实践性知识所必须考虑的内容。因此，我们对实践性知识的核心概念规定为：教师根据其个人知识与实践经验，使授课内容与课堂情境相适应的知识。

实践性知识也可从广义与狭义两方面进行理解：广义的实践性知识指的是教师在长期的教学实践中形成的一套行之有效的课堂情境处理模式，这一模式的主体是相对确定的，但内容相对灵活，可根据不同情境进行实践上的调整；狭义的实践性知识则指教师在面对特定教学情境下所采用的具体的实践知识。实践性知识大多是教师在其长期教学实践中形成的，具有浓厚个人色彩的知识，这种知识具有高度的可塑性和可成长性，能够随着教师个人经历的变化而变化，有时甚至会产生根本的理念上的反转。因为，实践性知识不仅是关于授课的知识，还包含了教师对个人、对学生的生活、精神的理解与观察。从某种程度上说，实践性知识是教师人生阅历与知识的凝结。

实践性知识是一个重体验、轻理论的知识。所谓重体验，是指实践性知识终究要落在课堂实处，尽管其包含了教师的种种思考与经验，但学生的直观感受才是实践性知识究竟有没有发挥良好效力的第一衡量标准。也许教师本人的思虑已经足够全面，但当这种全面没有落于实处，那么就会陷入教师自我陶醉的尴尬处境。

第四，教师实践性知识的研究范围。当前，教师实践性知识的"阈"问题研究涉及四个方面：

首先，实践性知识的构成。知识的客观构成是构建教师实践性知识的基础，这些知识储备在根本上决定了教师的实践性知识的上限。

其次，知识转化。目前，教师实践性知识的定义还没有形成较为一致的看法，但专家对教师实践性知识的隐性特征则达成共识。展开研究的目的不仅是为了充实教师发展理论，更重要的是在理论提升基础上，把隐性知识显性化，使之像理论知识一样被传承。

再次，知识生成。知识生成和知识构成不是一个层次概念，而是呈现动态生成，发展性是其主要特点。知识生成在原有知识构成基础上，更强调发展积累、创造更新。对于教师个体，实践性知识不是凝固不变的，会随着具体情况变化而变化。在教育教学实践过程中，由于实际情况的不断变化，既定的实践性知识面临着抉择。教育改革的今天，任何教育政策的提出都会对教师教育教学产生深刻影响。

最后，教育是特定情境下的实践活动，有着情境性、实践性、规范性、相关性和自我反思性的影响。所谓情境，即指学生在学习过程中遇到的各种环境。而情境化的学习模式则是指根据学生个人特点，创造适应其学习特征的学习环境。知识是情境性的，知识学习所使用的活动方式、情境状态及文化背景彼此融合并相互影响。知识与情境之间的动态作用，使学生只能在情境中通过活动获得知识。学习与认知本质上是情境性的，学习是情境适应、文化适应，目的是学生获得特定的"实践共同体"成员身份。作为合法参与者，学生的活动应该在共同体工作情境中进行，应该在知识产生的真实情境中互动、学习和建构。人类活动是复杂的，包括社会、历史、文化和认知等因素。行动是通过与环境直接接触与互动所决定的；情境是一切认知活动的基础。教育即生活，生活即接触。教学实践是体验式过程，是师生互动的双边活动，可以是人际对言行的敏锐感，学生能本能地知道在具体的情境中掌握分寸、把握尺度；也可以是外化的知识形式，即对具体情境的具体有效应激反应。

（5）慕课对其他知识的影响

基于现代信息技术发展起来的慕课具有多维传播的思维形式，是联通开放的互联网络和教育教学实践的高效结合，是系统交互式的教育教学方式，是有始有终的终身学习模式，实现求真向善爱美的全面发展目标，契合时代、社会及个人本身的迫切需要。慕课依托网络平台进行运营和可持续建设，并将开发的优质教育教学资源进行广泛传播，以实现真正的资源共享。慕课以平台为基础、以课程内容为核心，从而促进学生之间的网络协作。其利用各种社交工具交流与沟通，以激发学生的互动热情和学习兴趣，是一种新型而又复杂的思维方式,是"网络思维",也可以是看待社会现象的一种独特、有效的思维方式。

第一,以学生为中心的用户思维定位。慕课的知识传递更立体,教育质量更有效,教育更公平,促进学习方式的变革,以网络为新型的知识载体,更便捷、更高效、更有趣。大数据时代让更多的碎片化数据有了使用价值;借助大数据的技术手段和分析工具,全面、详细、精准深入地了解用户,并对用户进行精准营销。

第二,大数据思维与学习分析趋于融合。①教育信息化建设,教师队伍师资力量的建设,信息网络基础设施人才的培养、教学资源的利用和技术的运用都需要大量信息。②信息类型变化具有多样性,信息增长以爆炸式的速度递增,信息之间存在交互、依存。③对海量数据进行分析解释,可以评估学生的学习进展,预测未来,发现潜在的问题。④分析、测量、收集和报告,学生及其学习环境,目的是评估学生的学习、发现潜在问题、理解和优化学习,基础是海量数据。⑤在线学习慕课模式时,师生活动在时空上相对分离,尽管有同步教学活动发生,但更多的时候是异步教学活动,以满足学生的个性化学习需要。慕课的特点之一是"大规模",体现为学生多、资源多、互动多,产生的过程数据巨大。慕课具有大规模、开放、在线等基本特点,整合多种学习分析技术与工具,构建管理者、辅导教师、远程教育研究人员等用户视角下在线学习分析模式,担任分析师的角色。

第三,迭代与跨界思维的时空交错经纬交织。世界是不断向前发展的,知识也在不断更新。慕课是发展中的新生事物,其本身还不够完善。同时,慕课也是以人为核心的开发软件,在实践中逐渐修缮。慕课课程制作团队需搜集学生、教师及相应的课程内容信息,不断优化设计和组织。

第四,协作与共赢的思维为目的。"互联网+"时代是共享时代,也是协作的时代。利用互联网大数据,充分体现教育服务个性化和智能化,交互的思维方式和共生共享共赢的价值观念深入人心。"互联网+"背景下的合作有利于信息的传播和人际沟通,是在相互依赖环境中唯一可行的交往模式,能够实现双边利益最大化。利用信息技术优化教育教学,促进教育整体均衡发展,是信息化的核心使命。

三、高校英语慕课教学模式的创新

从我国教育体制进行改革以后,英语这门学科也在逐步向着专业化的方向发展,同时,其实际教学工作也在逐步向着应用化的方向迈进,再加上目前我国日益强大的局面,因此,英语学习就显得十分有必要,且其重要性也在逐渐增强。慕课主要是利用网络化的方式来引导有需要的人学习,其热度也在逐渐加大。

第一,创新英语教学模式。高校英语教师可以根据本校的实际情况,以及课程的需要在课堂上加入慕课元素，如可以将上课过程中需要讲解的知识点制作成课件，然后利用多媒体放映出来。因为，利用多媒体授课可以在里面添加一些除文字以外的元素，如图片及音频，可以很好地吸引学生的注意力。由此，就能够在某种程度上对他们的兴趣进行培养。而且在课堂上放映一些有关英语方面的视频可以帮助他们更好地理解其中的意思，这样他们的承受能力会更强。

第二，系统性的学习结构。利用慕课这种教学方式对学生进行授课的好处就在于，它所形成的教学方案是比较系统的，它给学生所呈现出来的是一套完整的英语学习大纲，这样更有利于学生在学习过程中把握自己的进度，进而对自己的学习情况做到心中有数，才能够及时发现其中存在的不足之处，并加以改正，以便让自己的学习不留遗憾，这样的英语学习才会有质量上的保证。使用系统性的学习模式进行英语授课，受益的不仅是学生，英语教师的工作也会由此而变得更加轻松而且高效，能够有效帮助他们节省时间。

第三，更加良好的教学环境。良好的学习环境对于每一个学生而言都是至关重要的，而使用慕课教学就可以很好地做到这一点。慕课的网络化基础性质对于学生的学习非常有帮助。多媒体的应用可以为学生提供更多的支持，为他们搭建更多的教学平台。例如，英语教师可以利用其网络化的便利条件在慕课中搭建一个中英文学习交流平台，这样学生的学习机会就更多了，而教师需要做的就是每天对学生的英语学习进度做一个系统的了解。同时，学生在这个中英文交流平台上可以接触到许多同伴，他们可以通过此社交媒体将自己的学习心得，以及在英语学习过程中遇到的问题发布出去，从而将存在的问题解决掉。同时，这样做不仅对学生们的英语学习有非常大的帮助，同时可以培养他们的合作与竞争的意识，让他们意识到有许多比自己优秀的人还在努力地拼搏着，从而让他们更有学习的动力。

总而言之，慕课这种教学方式给我们展现的是一种全新的形式，同时也给我们带来了不一样的教学成果，它让高校学生更有兴趣去学习，让英语课堂中融入了多媒体元素，为学生提供了一个更大的平台，让他们拥有更多的学习机会，并为他们营造了更好的学习氛围。

第四节　高校英语的微课教学模式创新

一、微课教学模式概述

"微课"是在20世纪末兴起来的一种教学方法，它的全称为"微型视频网络课程"。第一次将微课的概念应用在教学上的学校是美国新墨西哥州的圣胡安学院，该学校的教师认真分析了微课的内涵及学校的教学实际，认为在学校应用微课是非常合适的，他们把应用的微课课程称之为"知识脉冲"。"知识脉冲"能让学生原本散漫的学习体验聚焦起来，在一定程度上提高学生的学习效率。另外，在"知识脉冲"体系中还确立了核心——教学目标与教学内容。

微课的教学目标有两个：①在线学习；②移动学习。在学习的过程中，比较强调学习内容中的一些重要概念，同时对于学习的时间也有一定的控制，通常会控制在1～3分钟，微课学习的时间一般都非常短，这就是微课的显著特征之一。学生在学习的过程中，可以通过各种课程提供的资源来建构自身的知识。从微微课最突出的一个环节就是实现现代科学技术与传统课堂的有效融合，两者的融合使学生的学习环境有了很大的改变，环境变得轻松、自在。

（一）微课教学的优势

不论是将知识碎片化、可视化，还是将其置于情境之中，都是为了让学生更好地理解知识、掌握知识。微课为了实现便捷、全面、立体化的教学，通常以视频作为载体，给予学生自主学习与使用知识的机会。因此，微课的出现为学生带来了全新的学习体验。通常微课具有以下层面4个的优势。

1. 适合学生自主学习

与以往的资源核心相比，当前微课更着重于面向学生。实际上，以往的英语教学资源，不论是教材课件，还是习题练习，面向的对象都是教师，人们把教师看作教学活动中的主体，很少关注学生在课堂上的需求。虽然课程教学视频的受众应该是学生，但是人们在制作时并没有考虑学生的主要需求。微课的出现改变了这一局面，它同时关注教师的"教"与学生的"学"。与传统"一对多"的英语课堂不同,微课通过"一对一"的情境教学,最大限度地激发学生的主动性。可见,微课提供的是一种"自助餐式"的资源获取方式,学生可以根据自己的需求、自己的兴趣寻找感兴趣的英语学习内容,然后再根据自身实际情况开展自主学习。

2. 内容精致使用方便

微课的选题具备短小精悍的特点。与传统课堂教学相比,微课教学摒弃了原本一节课必须完成复杂纷繁教学内容的形式,其所选用教学内容不仅更加鲜明,而且具有一定的目标性,同时在突出重点的情况下语言精练。微课在选题内容设计上,往往针对学科中的某个重要知识点,这一选题特点岁教师的课程设计、教学安排具有一定的帮助作用,还,能有效增强英语教师的教学效果,活跃课堂气氛,增加课堂上的故事性,使课堂更具吸引力。除此之外,微课的选题还在一定程度上体现出了教师整合知识的能力,反映了教师的教学理念,更是教师教学能力与个人魅力的充分展现。需要注意的是,尽管微课比较强调突出主题,通常只针对某个知识点进行深入讲解,不过分在意教学环节的完整性,但是在微课教学中仍然不能忽略导课、讲授及总结这三个教学环节。

微课的制作相对简单容易,传播度也比较高。微课的授课时间要短于传统视频课程,其课程容量也相对较小。此外,传统制作难度相对较高,并没有微课制作传输效率高,因而精彩教学环节并不是很明显,不仅难以传播,受众也会有一定程度的限制。微课在线播放完全能适应如今互联网的宽带与速度,因而有助于学生随时随地在线观看。

3. 资源丰富情境具体

在制作微课时,由于制作相对灵活,制作方式也比较丰富,通常都是借助各种录屏软件来完成微课的制作,这种微视频的课程形式能够更好地展现知识信息。英语教师可以通过录屏软件与演示文稿软件(PPT)结合的方式制作微课视频,将所有可以使用的资源整合起来加以利用,实现最佳的微课效果。例如,图片、音频、视频等形式。此外,也可以借鉴网络上一些现有的动画设计、PPT 设计来优化微课的质量。

无论是对学生而言,还是对教师而言,在这种真实的且更具体的,甚至是典型案例化的教与学情境,不仅有助于学生在不断提升学业水平的同时,实现其对隐性知识的学习,也有助于教师不断提升课堂教学水平,从而实现将教学观念与技能,甚至是教学风格的模仿与迁移都有一定程度的提升,继而促进教师专业不断完善。此外,微课对学校教育而言,不仅是学校教育教学模式中重要的组成部分,还是教师与学生的重要教育资源。

4. 结构开放易于扩充

对于微课而言,其是一种与相关教学资源结构化的有机结合,而并非是以综合归纳类型资源简单堆砌而成；是一种资源应用环境，不仅包含着突出的主题，同时其资源相对有序，且内容完整，并不是以往那种教学资源包的概念。此外，微课还具有一定程度的半结构化框架，由于其资源要素通常都能够被修改并扩充，且具有很强的生成性与动态性，因此在适应教学需求与资源应用环境变化的同时，能够不断生成并充实，最终促进其动态更新。

此外，微课的灵活度比较高，学生可以随时随地观看视频，还可以根据自己的速度暂停、慢放、快进等，这样学生在英语的学习过程会更加轻松便利一些，对知识的理解也可以更加深入。无论是在时间的利用上，还是在知识点的掌握上，微课不仅有助于学生合理利用有效时间，还有助于促进学生掌握高浓缩关键知识点。微课的授课形式丰富新颖，使用起来非常灵活，在很大程度上促进了学生学习效率的提高。

（二）微课教学的功能

1. 满足学生个性化学习需求

在利用微课进行英语教学过程中，学生具有一定的主动权，教师逐渐将学生转为中心，并根据学生的需求为其提供不同的"支架"，在帮助学生顺利跨越最近发展区的前提下，不断引导学生自主思维，从而促进学生获得进一步的发展。此外，微课的实施不仅能够根据学生实际需求建立"支架"，还能潜移默化地引导学生不断探究学习。

学生可以先通过微课开展自主学习，制订符合自己学习水平与学习进度的计划。在利用微课开展学习时，学生可以灵活地运用暂停、倒退、快进等功能，使微课进度始终符合自身的学习要求。同时，学生也可以通过回顾微课视频的方式来完成知识内容的复习，这种学习方式充分满足了不同学生的个性化需求，也有助于学生整体学习成绩的提高。当然，微课的出现并不代表教师完全不负责，在学生完成自学后，可以在课堂上把自己学习过程中的问题提出来，寻求教师的帮助，教师可以以此展开个性化指导，这种辅导不论是对问题还是对学生而言都更具针对性，教学效果也会更好。在课堂作业环节中，教师也可以不断巡视，观察学生的学习状态，及时帮助有困难的学生，对其进行"一对一"指导，帮助学生将所学的知识完全内化。

倘若从微课程教学法出发，所谓"人机一对一"，是一种能吸引学生关注并产生面对面的"一对一效应"，此时其不仅具有一定的重要性，同时还不失趣味性。

2. 促进英语教师专业成长

在英语教学过程中，微课研究与传统模式相比，通常微课课例更加简单，其能在尽可能节省学习与研究所耗费的时间的同时达到学习目的,学习内容与目标相对单一。而且在微课教学过程中,教师还能将一些东西直接应用到自己的教学当中,进而不断提升教师的课堂教学水平,真正实现教学观念与技能,甚至是风格的模仿与迁移,逐渐帮助教师专业能力有效提升。

在英语教学中利用微课,对于教师而言,无论是课程内容,还是学案中对重点、难点的讲解,教师都已经在课前提前录制成微课,因此教师已经不再是传授新知识的学习主体。对于学生而言,学生对新知识的学习已经逐渐由原本的课堂逐渐转移到课外,在某种意义上,此时为学生"保驾护航"的责任由微课承担了部分,学生只需要参照微课讲解就可以进行相应的学习。由于微课的不断推进,教师不仅拥有更多的时间可以研究教学,还能够从传统课堂讲解中脱身出来。

另外,微课还可以加快新教师的成长速度。以往新教师要想学习其他优秀的教师的课堂经验,只能通过听课、公开课的方式实现,但是由于时间有限、课程安排冲突等,能够旁听的课程比较少。而微课则可以为新教师提供大量的优秀示范课,新教师学习的时间可以更加灵活,同时新教师还能向前辈提问,获得前辈优秀教师的帮助,有利于教师队伍教学整体素质的提升。

再优秀的教师在上课前,也要做好充足的准备,新教师的课更需要不断地打磨、调整,这样才能呈现出最好的课堂。实际上,微课制作正好为他们提供了一个试讲的机会。新教师在制作微课时,可以对自己的课程设计深入分析,把握个中细节,不断修改提升,发现错误可以及时修改,反思自己的教学设计,这样能够有效避免在真正的实战课堂上出现慌乱、不知所措的状况。

另外,微课制作要求教师具备流利的语言水平,且要做到语言精练,避免赘述,教师通过自己录制课程,可以在这个过程中看到自己教学中存在的问题,发现自身的不足,然后将因失误或不必要的停顿等影响学习的问题一起解决,做出相应的修改,进而不断实现教师的自我提升。

二、高校英语中微课教学的设计与制作

(一)微课教学的设计

将微课应用于英语教学中,需要牢记英语学科的核心素养,因而在具体的应用实践中,我们应该坚持以下设计原则。

1. 强调学生本位的设计原则

强调学生本位——实用性和趣味性。众所周知，教师在教学中设计微课主要是面向学生，因而英语教师在设计微课的过程中要充分考虑学生的各方面因素，要考虑学生的整体学习进度及学习情况等。微课在学生的英语学习中非常重要，学生不仅可以在课下利用微课复习和预习英语学习的内容，也可以在课堂中利用微课理解教师传授的知识点，因而英语教师必须足够重视微课的制作质量，只有高水准的微课视频才能吸引学生的注意力，才能促使学生积极主动的学习英语。在实际的英语教学中，高质量的微课视频必须满足以下两个条件。

（1）微课具有很强的实用性

所谓实用性就是指微课的内容要和学生的实际生活密切相关。以学生为主体的微课实用性原则具体体现在：教师在制作微课时，选择微课的教学目标、内容及方法时，都应该充分考虑学生英语学习的实际需求。通常微课的时间都不是很长，因此微课的内容一定要非常精简，必须要有很强的实用性，才能使微课发挥最大的教学效果。

（2）微课内容具有很强的趣味性

趣味性是指微课的内容能够引起学生的兴趣。以学生为主体的微课趣味性原则具体体现在：教师在制作英语微课的时候一定要增强微课内容的趣味性，可以在微课中添加生动有趣的多媒体素材或者构思等，从而使得微课视频生动有趣，能够吸引学生的注意力和兴趣。微课只有具备趣味性才能使学生更加愿意主动学习英语。

总而言之，教师在制作微课时应该突出学生的本位，以学生为本，遵循实用性和趣味性原则。

2. 英语学习情境的设计原则

情境学习理论提倡学生应该将自己的知识和技能等应用到情境中，从而更加牢固地掌握所学习的知识。二语习得理论则主张，学生学习一门语言最好的方式就是让学生到这门语言的情境中进行学习。由此可见，英语教学应该创设一定的英语学习情境，从而更直观、准确地学习英语。

因此，教师在制作英语微课时，一定要注重创设英语学习的情境，从而使英语学习具有更强的实用性，使微课教学更加有意义。在具体的英语微课制作中，教师可以采用多种不同的手段创设情境，如录音、添加美妙的音乐及添加有趣的动画等。通过这种形式，学生更加愿意主动学习英语，并能够适当运用自己的英语知识和技能。

3. 突出主题、精简内容的设计原则

微课注重的是"微"字，即微课通常都短小精悍，主题明确。由于微课视频的时间往往都比较短，因此教师在制作微课时必须主题明确，否则学生在观看微课时往往很难把握微课的重点及难点，从而降低学生学习英语微课的积极性。总而言之，一个微课的内容既可以是强调一个教学的重点，也可以是解决一个教学的难点，教师在设计微课时，一定要突出主题，内容一定要精简。

微课的时间往往都很短，这样学生才能够集中注意力观看微课，这就要求教师设计的微课一定要主题清晰，要紧扣主题，讲解的思路一定要清晰，讲解的语言要有很强的专业性。这样才能提高学生的英语学习效率和主动性。

（二）微课教学的制作

1. 拍摄视频制作

基于拍摄的微课视频制作就是通过传统的摄像设备完成课程的录制。下面以手机设备拍摄为例：

第一，准备好微课制作需要的工具设备，包括手机、手机支架、纸张、不同颜色的笔等，手机、手机支架主要用来拍摄视频，纸张和笔有助于更清晰地完成知识点的讲解。此外，还需要准备一些相关的主题或课程方案，不能漫无目的地录制。

第二，微课制作过程：①根据英语教学的微课主题进行详细的教学设计，继而形成教案；②将手机固定好，并在他人的帮助下利用纸笔，将呈现在纸张上的教学过程拍摄下来，此时不仅要确保整个语音清晰，还必须保证演算过程具有一定的逻辑性。同时，所要解答或教授的过程必须简单明了，且画面稳定；③一定要经过必要的编辑与美化才能完成。

如果想制作出高质量的微课视频，就必须在录制过程中注意：①时刻保持摄像头的清洁干净，以保证拍摄画面的清晰；②不要使用强光，也不能使人物或画面背光，要保证光线充足，使画面看起来更加舒适清楚；③摄像头的距离要适当，要使人能够看清纸上的内容，这样才能达到课程制作的目的。

2. 录屏视频制作

在英语教学微课视频制作中，基于录屏方式通常指的是在个人电脑上使用录屏与绘图软件进行的微课录屏制作方式。应用比较广泛的录屏软件有 CamtasiaStudio、班迪录屏、屏幕录像专家、超级录屏等。

CamtasiaStudio 是一款视频制作软件，提供了专业的视频录制（屏幕/声音/摄像头）

和丰富的视频剪辑功能，轻松制作视频教程、产品演示、现场记录等各类视频。软件提供了直观的操作界面、丰富的记录功能，可对录制后文件进行从图像、声音、字幕到过场特效等多种剪辑工具，下面以 CamtasiaStudio 为例分析基于录屏微课视频制作流程步骤：

第一，要先将电脑录制界面打开，并在检查无误之后将其放置最小化。

第二，启动 CamtasiaStudio 软件。

第三，在这一软件界面上，可以点击"录屏"按钮进行录屏，也可以点击"录制屏幕"进行录屏。

第四，依据课程要求，按照课程计划播放 PPT，或者直接在屏幕上进行知识信息的书写，同时用话筒授课。在正式录课前，可以先录制一段，测试各项功能是否能正常使用，检查录制后的课程视频是否存在问题，如听不清、画面不稳等。排除问题后再进行整个微课程的录制。

第五，录屏结束，按"F10"或者单击"stop"结束录屏，然后单击"存储"按钮。

第六，在"存储"对话框中，选择存储位置和输入文件名。微课视频文件要确保生成导出为高清视频格式，确保视频画面导出后不变形。通常在实际操作过程中应用最为广泛的要数 PPT，所以微课质量的高低直接受 PPT 制作水平的好坏所影响。

在制作 PPT 时应做到：①利用 PPT 动画效果的方式来实现动静结合，给人以空间感的美，同时又不失动态感；②图文并茂通常是利用插图表现其亲和力与专业性，一般图版率在 50%～90%；③利用适当的图片来表示符合的主题；④通常在字体搭配方面也有一定的要求，切不能乱用艺术字体，可以选用微软雅黑作为标题，正文通常为宋体，或者是选择楷体为正文，标题使用黑体；⑤字号搭配。标配一般是标题字号 44 号，一级文本 32 号，二级文本 28 号，最好不要有三级文本；⑥颜色搭配。一般而言，页面中大块配色不超过三种。⑦错落有致。行距 1.3～1.5 倍，段间距大于行间距。另外，无论怎样制作，图文的中心一定要在整面的黄金分割点上。

3. flash 动画视频制作

在英语教学微课视频制作当中，通常会使用一些短小精悍且又不失幽默的 flash（是一种交互式矢量图和 Web 动画的标准）动画作为辅助。相对较为简单的 flash 动画，复杂 flash 动画微课画面更加流畅，且情节较为完整，有独立定制的人物与场景；而简单的 flash 动画，主要以图文讲解为主，一般并没有对人物或场景的定制。

4. 交互视频制作

交互式微课视频就是借助计算机，把原来的文字形式的知识信息，加工处理成集知识讲解、操作交互为一体的课程学习视频。如此，交互式微课视频就能够为学生营造便利、易操作的学习交互环境，同时还能在较短的时间里，为学生提供较高的传输量。交互式微课视频能够激发学生的自主性，鼓励学生通过自主操作深入理解知识、内化知识。

三、高校英语中微课教学的核心素养培育

（一）运用多媒体丰富英语教学内容

当前，信息技术和网络资源非常便利，我国很多高校在教育部门的支持下也都配备了多媒体教学设备，大多完成了信息的集成和优化。在这样便利的条件下，教师应尽可能地广泛寻找能够加以利用的教学资源，并对其进行整合分类，以丰富教学内容。同时，教师还应该充分利用教学信息技术与多媒体教学等辅助手段，对教学内容进一步的深化和拓展，这一过程应该成为各个院校英语教师日常教学的一部分。

此外，教师还可以通过互联网下载其他院校的微课教学视频，或者自行设计制作教学视频来辅助其教学。在微课视频和教师课堂讲授的双重指导下，学生能够更轻松地理解和掌握教学内容，并内化于心，有效地提升英语教学的效果。

（二）运用微课视频帮助学生完成复习

教师可充分利用微课来优化与完善学习过程。例如，教师在完成日常课堂教学后，保存授课记录、教学材料与相关图像，将其制成微视频发送给学生，帮助学生课后观看，实现自我高效复习，这样不仅可以使学生更高效、有序地重温课堂讲授的内容，还能帮助其通过重温的过程，从更高层次上理解相关的知识；不仅能有效地提升其学习效率，还能提高其学习能力，并养成良好的学习习惯。在这种教学模式下，学生不仅可以整合学过的知识，培养其高阶的思维方式，反之，也可以促进教师教学水平的提升。

（三）运用微课资源扩展英语课堂教学

当前，互联网上有诸多支持教学材料的教学资源，借助于这些资源辅助教学，可以有效地激发学生的学习兴趣，提高课堂教学效果。例如，关于旅游的英语课堂教学，教师可以从互联网上下载"一起制定旅游策划"的微课视频在课堂教学前播放，视频长度虽然约10分钟，但学生通过视频，可以对整个课程的知识点和需要讨论的要点有一个总体的了解，对接下来的课堂教学大有裨益。

通过这种教学准备，使学生能够在实际课程创建过程中快速进入教师创建的阶段，在明确自身学习目标的同时，提升听课效率。教师还可以根据学生观看视频后的反馈，给予

有针对性的解释，加深教学内容，提升教学效果。

（四）运用信息设备记录英语关键点

英语教师应利用业余时间学习现代信息技术，掌握教学课件的制作方法和微视频的拍摄手段，方便其利用多媒体设备录制课程，记录课堂教学的关键学习点，将其制成教学微课视频。这样不仅可以为学生提供课后概览和进行高效复习，提升课堂学习效果，还可以为教育欠发达地区的学生提供优质的教学资源。

四、高校英语中微课教学方式创新的内容

（一）内化与拓展层面的创新

内化与拓展主要指知识的内化与能力的拓展。基于微课的英语教学认为，学生在完成课前自主学习之后，已经对课程内容有了大概的了解，也完成了基本的学习任务。因此，在课堂上，学生应该在之前的学习基础上完成知识的内化，拓展自身的能力。内化知识就是在学生原来的认知结构中增添新的知识信息，主要通过温习之前所学来完成，这是一个对知识由陌生到熟悉的过程。在知识内化的过程中，学生的知识量必须达到一定的程度，否则不能发生质的改变，新的知识便也完全加入原有的认知结构。同时，学生也要做好适应新认知结构的准备。拓展能力是在原有的认知基础上不断认知其他之前不曾了解的领域的过程，也就是人们所言的"温故而知新"。

实际上，内化与拓展正是教学创新的关键所在。在基于微课的英语教学中，学生已经在课前掌握了本课的基本主要内容，教师就无须对课程内容进行过多的讲授，而是要将课堂的重心放在知识的内化上，帮助学生巩固新知识，达到精熟的程度。同时，教师还要重视学生能力的拓展，鼓励学生自主思考、大胆创新、积极表达、活跃发言等，使学生的综合素质与能力得到提高，从而建立起自己新的知识体系。

（二）导学一体层面的创新

微课教学认为，教师在具备一定的素养能力基础之上，可以将内化与拓展、课程内容、学生情况及教师自身特点等融于一体，重新调整教学步骤的设计与安排，甚至可以根据课程的需要对教学环节进行增减。这时，教师所选择的教学方式应该是系统最优化组合，这是一种教学方式的创新，也是微课英语教学的中国化成果，这种教学方式创新将教学的一般原则与教师个人的特色深度结合，完成了系统的最优化重组。实际上，这已经超越了传统的、普遍意义上的教学法，进入了一种更高的教学境界。

在创新教学方式后，教师与学生同处一个空间，共同将知识内化与能力拓展置于教学的中心。学生在这里既是自主学习的主体，又是展示交流的主体；教师则是教学活动的设计者，引导学生深入学习的指引者。

五、高校英语中微课教学方式创新的实施

（一）教学方式创新实施的意义

1. 提高学生英语学习兴趣

兴趣是最好的老师，对于学生而言，学习知识的最大动力之一就是兴趣。与传统教学中的教学方式有所不同的是，采用微信平台进行英语教学能够迎合当代学生的趣味，不仅彻底打破了传统课堂的教条式教学，而且可以拓展教学的时空范围，使教师可以随时随地地教，学生也可以随时随地地学。与此同时，通过微信开展各种学习交流活动，使师生之间的关系发生了转变，学生消除以往课堂学习中紧张的氛围感，更愿意对教师展开心扉，教师也同时获得更多了解学生日常生活的机会。无论是对于教师而言还是对学生而言，这种教学方式都是很容易被接受的。

此外，微信为学生的学习提供了非常多的便利，学生不仅可以随时随地与其他同学进行交流互动，而且能够非常方便地获取自己所需的各种资源，这可以有效地激发学生的英语学习兴趣。微信平台在英语教学中的运用，使英语教学由单一的知识传授向一种多元化的教学方式转变，促进了师生在日常生活、情绪情感及思维等方面的交流互动，消除了传统教学中师生之间存在的距离感。同时，教师采用微信平台进行英语教学，可以随时随地发表自己关于教学的各种独到见解，并提出一些新奇的问题，从而有效地激发学生进行学习探究的兴趣。这样，学生不仅不会觉得学习枯燥乏味，还会对学习充满期待，并保持强烈的兴趣投入学习活动中，这对于学生英语质量的提升具有非常重要的现实意义。

2. 帮助学生个性化发展

学生作为独立发展的个体，拥有自己的独特思维与个性，教师在开展英语教学的过程中，应当尊重并重视学生的个性化发展。微信平台作为当代学生所喜爱的交流互动平台之一，拥有非常强大的优势。

教师在英语教学过程中，利用微信平台可以为学生创造更多的自主学习与探索的空间，使其成为英语教学的重要平台。利用微信平台，教师可以在课下对层次不同的学生进行针对性的指导，能满足不同学生的个性化需求。微信平台的运用，为教师的因材施教提

供一种非常好的途径，教师可以根据学生的个性化需求和爱好从不同的角度对知识进行深入的探索和挖掘，帮助他们实现自我能力的更高层次发展，也有助于从整体上提升英语教学的水平。

微信平台在英语教学中的应用获得了广高校生的强烈拥护和支持，他们积极参与各种教学活动，勇于提出自己的观点，从而使英语教学呈现出一派繁荣的景象。

3. 推进英语知识更新与传播

传统的英语教学模式中，教师采用的教学资源多为纸质的书籍和材料，但这些材料的制作往往需要耗费一定的时间，且在使用方面也具有非常大的局限性，所以容易导致教师在教学时所传授的知识和技能比较滞后。英语作为一门国际通用的语言，其发展速度日新月异，如果在英语教学中仍然仅依赖传统的教学资源，就会导致所培养的英语人才很难满足社会和时代对于人才的现实需求。所以，在英语教学改革过程中，必须要关注的一方面就是如何更快地获取不断更新的英语知识技能，并且及时地将它们传授给学生，只有学生及时获取了这些适应时代需求的知识和技能，才能紧跟时代潮流，成为社会所需的高素质人才。

微信平台在英语教学中的运用使教学摆脱了传统纸质教学资源的限制，使教师可以在较短的时间获取大量的英语资源，并及时将其传授给学生。此外，教师还可以将自己所获取的各种关于英语行业的最新动态与资讯在微信平台上分享给学生，这样学生不出校园就能够及时了解行业动态及社会对英语人才的需求，从而不断促进自身朝着社会所需的高素质人才方向发展。

4. 提升学生综合能力

英语学科的发展虽然已经比较系统和完善，但是它并不只是涉及英语的内容，而是涉及文学、艺术、社会等多门学科的知识，具有非常强的综合性。所以，英语教学不仅要重视学生英语知识和技能的学习，还需要不断开阔学生的眼界，鼓励学生广泛涉猎其他门课的知识，从而不断提升学生的英语综合能力。英语教师可以利用微信平台将多门学科知识融入英语教学，在拓展学生知识面的同时，促进学生对英语知识和技能的深化理解。教师还可以通过微信平台采用知识分享的方式对学生进行教学，鼓励学生积极开展自主学习；学生则要积极参与教师的分形与互动，在掌握英语知识和技能的基础上，不断发散思维、广泛学习，从而促进自身综合能力的提升。

微信平台所具备的语音与视频功能可以有效地融入英语教学，调动学生的听觉与感官，从而给学生带来良好的视听感受，激发学生的英语积极性。如果英语教师能够有效地对这些功能加以利用，使学生充分调动自身的各种感官体验，就能够有效地激发学生的只是探索欲望，从而不断丰富学生的知识储备，拓展学生的眼界，有效地提升学生的综合能力。

（二）教学方式创新实施的注意事项

1. 调动学生的积极性

在英语教学中，如何调动学生的积极性一直是一个为教师所重点关注的课题。实际上，学习积极性对于学生的学习效果也是起着决定性影响的。在传统教学中，学生长期处于被动学习状态，学习积极性受到了一定的限制。将微信平台应用于英语教学，可以提升学生的积极性。需要注意的是，微信平台应用于英语教学，旨在充分地利用学生课余的碎片化时间和空间，引导学生开展英语学习，提升英语能力。要想有效地在微信英语教学充分调动学生的学习积极性，教师还应当在教学时间、教学内容及授课方式等方面给予更多的关注。

2. 实行有效的微教育

（1）移动教学辅导并及时收集教学中的反馈信息

利用微信平台进行英语教学的优势之一就在于，微信群消息交流所具备的实时性特点能够促进英语"微教育"的开展，让学生在课堂之外可以便捷地进行移动学习。英语教师在进行教学的过程中，可以需要将自己所搜集的各种可用于移动学习的资源在微信群中发送给学生，这些资源既可以是纯文字的内容，也可以是一些专业的教学视频或网页链接等。只要学生手边有移动设备，可以利用教师所提供的丰富的资源随时随地进行移动学习。同时，学生在移动学习的过程中，遇到任何问题都可以在微信群中及时地向教师咨询，教师也能够通过微信群为学生答疑解惑，提供相关的指导。可见，英语微信学习能够突破传统课堂的局限，进而方便教师的教与学生的学。

（2）有效的"微教育"，需要教师之间开展及时的教学交流和探讨

微信凭借交流便捷、及时、不受时空和地域限制的优势，为教师与教师之间的工作交流及教师与学生之间的沟通对话提供了极大的便利。通过微信群，不同学校的英语教师可以随时随地针对教学问题展开交流，而且通过建立微信群的方式，许多爱好和志趣相投的教师能够被集中到一起，形成一个互动的教学交流网络。教师还可以在微信群中分享自己的教学经验、教学方法、教学资源等内容，实现教学共享。这样，不仅为其他教师的教学提供的诸多便利，也是自己的业务能力得到了认可。

英语教师自身所储备的专业知识，不仅包括显性的专业知识，还包括很多隐性的知

识，如教学经验、教学感悟等。与显性的专业知识相比较而言，隐性知识比较抽象，很难用比较具体的语言和行动表述出来，也比较难以进行传递。但是在微信群中，英语教师可以将自身的隐性知识进行显性化处理，在同其他教师的英语教学交流与互动中融入自身的经验与感悟，这样就很容易引起其他教师的共鸣，从而彰显自身的专业素质与教学水平。

在微信群中，教师针对英语教学的讨论和交流可以被以流水的形式记录下来，任何处于这个群众的教师都可以看到讨论的相关内容，并且参与到交流之中，这对于激发教师的教学讨论具有非常重要的推动作用，也使英语教师更乐于分享自己的教学心得。一个微信群能够容纳的成员数量多达数百人，很多时候群成员往往是来自不同地区、不同学校的教师，教师在微信群的交流与互动实现了教学信息在不同地域、不同学校之间的开放共享。参与教学交流的教师不仅能够丰富自己的教学信息面，还有助于促进自身对于教学的深刻领悟，这对于教师自身素质和教学水平的提升是大有裨益的。

（三）教学方式创新实施的主要路径

公众号作为线上教学的一种平台，用于提供内容并完成基础互动和后台数据统计。对于英语教学而言，它可以满足学生学习的基本需求，即课外听、读材料的呈现；教师可以查看学生留言评论及了解学生观看数据、活跃度等。怎样用好平台在很大程度上取决于教师对学生需求的掌握与对实际问题的分析。当前的学生并不缺少关于热门话题的阅读材料，真正导致学生阅读量不足及阅读效果低下的原因，是缺乏对材料的分析讲解，没有从方法上指导学生开展自主阅读。对此，可以从栏目的创建上多做分析，初设若干板块，并试图建立板块与板块之间的关系。在此基础上，通过利用创设微信公众号信息平台的互动功能，激发学生从读者转变为问题的解决者和内容的制作者。

1. 创建学习栏目

针对学生的学习需求，微信公众号可以设立几个主要栏目，此处栏目包括"新闻速读""微型题库""图说八道"和"学生作品"。栏目之间可形成联系，例如，"微型题库"是对"新闻速读"内容的检验，学生先跟着教师一起读新闻、听新闻，掌握相关知识点和内容，随后在微型题库中通过翻译、填空等练习巩固所读内容。教师通过配图和平直的文字叙述解释在新闻中出现的新名词、新现象，帮助学生加深印象。"学生作品"也属于融合板块，用于展示学生的口语作品，有效激发学生持续的创作热情。

2. 选择学习内容

在传统的英语教学过程中，教师主要是根据教材进行讲解，学生能够利用的学习资源相对有限，进而导致学生的知识面受制约，英语能力的提升也会相应遇到瓶颈，且英语思维能力无法得到提升。因此，平台栏目的创建需要考虑如何体现功能性和关联性，既帮助学生拓展学习内容，又与实际素材建立关联。内容的选择则更是对教师智慧的考验，教师需要考虑如何贴合学生的学习实际，还要使内容具有启发学生思考、拓展学生眼界的属性。

（1）联系教材

教材所呈现的内容可以，帮助学生在主题语境中针对语篇开展学习，但是教材中的语篇也存在内容过于陈旧、数据过时等问题，受到篇幅的影响，主题语境中的语言材料也不能做到十分全面。因此，"新闻速读"栏目就成为有力的补充，当学生开始学习关于科技发展的相关内容时，公众号就相应推送最近的科技类新闻，帮助学生将课本知识与世界之间建立关联。

（2）联系生活

好的英语学习内容应能帮助学生建立与社会的联系。通过学生的自主阅读和学习，伴随教师的语音讲解与指导，学生逐步建立内容与社会的关联。微信公众号推送的内容主要以贴近社会发展和学生实际生活的为主，体现实用性和趣味性相结合的特点，避开特别冷门和专业的话题。英语学习主要体现工具性、交际性和人文性的特点。因此，语篇话题的选择不宜过难过偏，而是主要针对大多数学生的学习与生活经历，引导学生把所读、所听的内容与现实社会联系起来，形成思考，建立用英语表达和思考的认知结构。

3. 开展学习互动

如何借助微信公众号这一平台实现与学生的多维互动是非常关键的。多维互动指的是线上与线下两种形式的互动，可以单独使用，也可以结合两者形成新的互动模式。互动开展的前提是基于学生的反馈和提问。学生需要先进入不同栏目主动开展学习，以"新闻速读"为例，可以通过录制音频，带领学生一同解读新闻，就热点话题或社会现象提出问题，引发学生思考，并鼓励学生通过留言的方式给予反馈。学生可以回答教师在音频中提出的问题，也可以提出疑惑，经过一段时间的等待与问题整理。教师可以利用线下课堂教学的时间统一答疑或者把个性化问题抛出来，引发全班学生的讨论与分享。

完成资源媒体的设计以及向订阅用户推送学习资源，并不是学习资源设计的最终步骤，一个优秀的微信学习公众平台会向学生征集反馈意见，从而听到更多不同的声音。因此，除师生之间的融合互动，教师借助公众号平台可以创设虚拟空间的生生互动，公众号开设"学生作品"这一栏目，该栏目不仅推送学生的优秀作品，还接受学生的自荐投稿。教师要求原创者（学生）根据内容设计若干开放性问题，以此引发读者的思考和参与。读者可以通过留言的方式作出回答，由作者选取优秀答案，并加以展示。同时，教师还在线下发放评价量表，针对内容的原创性、呈现方式的多样性、作者的语言素养等方面作出评价，评价分为分值与描述两类，参与评价的学生不仅对推送内容打分，还可写下需要改进的方面和鼓励的话语，在互动、反馈与鼓励之下，学生之间形成线上线下融合的学习共同体。

第四章 高校英语有效教学的策略探究

第一节 高校英语有效教学体系解读

"有效教学特指教师通过教学过程的规律性,成功引起、维持和促进学生的学习,相对有效地达到预期教学结果的教学。"[1]所谓"有效",主要是指通过教师在一段时间的教学之后,学生所获得的具体的进步或发展。换言之,学生有无进步或发展是教学有没有效益的唯一指标。教学有没有效益,并不是教师有没有教完内容或教得认真不认真,而是学生有没有学到知识或学生学得好不好。如果学生不想学或者学了没有收获,即使教师教得很辛苦也是无效教学。如果学生学得很辛苦,但没有得到应有的发展,也是无效或低效教学。

有效教学的主要特征表现为正确的教学目标和高效的学习效果。有效教学是教师通过教学过程的合规律性,成功引起、维持和促进学生的学习,相对有效地达到了预期教学效果的教学,是符合教学规律、有效果、有效益、有效率的教学。

有效教学是能够有效地促进学生的学习和发展,促进教师的成长和提升,有效地实现预期教学效果的教学活动。针对职业教育的特殊性,有效的高校英语教学是以最少的教学投入,成功地促进学生的英语学习与进步,实现预期英语教学目标,所传授的知识对学生未来的就业或创业有用处,并使得学生在情感态度、文化知识、学习能力、专业素养等方面得到和谐发展。

话语分析理论从20世纪50年代兴起以来,致力于话语分析理论和研究方法的完善,并探讨话语活动的内部运作规律、话语活动与人类认知模式和意识形态之间的相互关系。然而在实践中,人们逐渐发现单纯地聚焦于语言研究已经无法涵盖话语活动的全部内容,因为在实际交流中,话语的语义中的一大部分由非语言因素体现。图像、颜色、声音、手势、肢体动作等各种符号资源都和语言一样可以体现意义,并通过相互协同共同体现话语的全部意义。因此,在多数情况下,交际不只依赖于一种模态进行,而是两种或多种模态共同起作用,以这种方式进行的话语就是多模态话语。

---

[1] 宋君. 高职英语有效教学的研究 [D]. 咸阳:西北农林科技高校,2012:7.

总而言之，多模态话语分析理论的产生主要有两个原因：一是话语分析理论发展到一个历史阶段的必然产物。随着话语分析理论的深入发展并在实践领域得到广泛使用，越来越多的人意识到单纯地分析语言及其意义已经不能完整地理解语篇的整体意义。多种模态，如手势、画面、录音、表情等都能体现一定的意义并相互合作、共同作用，同时体现语篇的意义。二是科技发展的必然结果。多媒体和网络技术的迅速发展并广泛应用于人们日常生活和工作中，促使人类在交际过程中，无论是书面语还是口语，都需要听觉、视觉、触觉等感官并用，人类话语越来越多模态化。各种模态体现语篇意义的方式不同，体现的意义各有差异，作用也不尽相同，而且模态之间的相互关系错综复杂，多模态语篇的结构与解构需要新的理论指导。在这种背景下，多模态话语分析理论应运而生并取得了巨大发展。

一、高校英语有效教学目标及其要求

（一）有效教学的目标

高校英语教学目标是英语教学活动的基本出发点，因为教学目标的内涵直接关系着教学内容、教学方法、教学评价及教材的设计，它不仅是高校英语教学的起点，更是高校英语教学的最终归宿和评价依据。作为教学设计中的重要一环，明确而清晰的课堂教学目标是对学生课堂学习结果的预期，也是贯彻以学生为主体的高校英语有效教学模式的主要方式之一。因此，树立明确的高校英语教学目标，是高校英语教学得以有效开展的保证和首要环节。

一般而言，任务说明、条件说明和标准说明是教学目标所必须包含的三个方面。任务说明是指学生学会的内容，条件说明是指完成这些教学任务的所需要的条件，标准说明是指顺利完成任务和合格行为的标准。此处可以用行为目标来陈述教学目标：①陈述学生在教学后认知、情感和动作技能等方面的学习结果；②合适的教学方法和完善的教学条件才能促进教学目标的实现；③教学目标是可以观察，可以测量的。所以，教学目标可以对教学活动和教学内容的构思起到一定的指导作用，也可以为教学评估提供相应标准和依据。高校英语有效教学目标体系的建构需要从以下方面探讨。

1. 顺应社会发展与要求

社会的发展离不开人才，在信息日新月异的今天，更需要具有较强英语综合应用能力的高校毕业生。英语阅读与写作能力固然是重要的，但是社会对听说能力的需求更是与日俱增。如果制定新的高校学生英语能力培养标准，那必然以听、说、读、写全面发展为目标,因此,为适应社会的发展和要求,高校英语的教学目标应该从培养学生的综合运用能力出发。同时,培养学生的自主学习能力,优化学习策略及跨文化意识等也应该加入教学目标的行列中,理应成为目标体系中的重要组成部分。

2. 具有现实性与可行性

教学目标是教师对于学生知识、能力和情感要求的一种期待。在教学目标的制订过程中,应当采取长期目标和短期目标相结合的方式:①对于学生英语学习所达到最终成就的总的描述称为长期目标;②让学生对于感知到他们的进步成就感,增强自信心,体现目标的可行性称为短期目标。学生能不能接受当前的教学要求,能否适应当前教学的教学进度,是否清楚哪些阶段应到达怎样的平台,这些都是在建构教学目标体系的时候必须要考虑的问题。总而言之,教学目标就应该是现实而且可行的,应该从实际出发,并用规范的语言表达出来,这样才有利于有效教学的操作。

3. 注重学生发展多元性

关于高校英语课程教学要求,一般包含三个方面:一般要求、较高要求和更高要求,这三个要求涵盖了英语语言知识、英语应用技能、英语学习策略及跨文化交际等方面的内容,直观地体现了英语教学的指导思想,即强调培养学生的听说能力、读写译等综合应用能力和专业英语技能;并规定不同的学校根据学校实际情况,来确定自己学校的英语教学目标,可以是其中的某一个,也可以是三者并存,最重要的就是适合自己学校。同一门英语课程,课时长短、教学要求、难易程度等各个学校都可以不同。这样就使得英语教学向多样化和个性化的方向发展。各个学校应当参照自己学生的英语水平和教学条件及本校的实际情况,按照相关要求,选择合适的教学材料和方法,并设计出有效的英语课程体系。对不同专业的学生英语学习的要求和目标也是可以不同的,这样才能确保不同层次的学生在英语应用能力方面都能得到充分的训练和提高,满足各类学生英语学习的各种需求,实现教学的有效性。

(二)有效教学的要求

高校英语有效教学的特征对高校英语有效教学提出了相应的要求,高校英语教学必须要符合高校英语的教学规律,强调教学效果,注重教学效率,产出教学效益。

1. 符合教学规律

高校英语教学规律是以"工学结合,能力为本"的教育理念为指导,将语言学习与职业技能培养有机整合,在教学过程中体现职业性与应用性,提高学生的英语交际能力与综合职业素质，从而提高学生就业能力。因此，在高校英语教学中，教师只有结合这些规律，才能制订切实可行的教学目标和计划，科学运用教学方法、手段及策略，提高教学效率，从而取得相应的教学效果，实现学生全面持续的进步与发展，实现教学的效益。

2. 强调教学效果

高校英语的教学效果就是英语教学活动的结果，即学生所获得的实际进步与发展。教学效果与结果的好坏无关，也不考虑教学所得是否与教学中所投入的精力、物力、时间成正比。经过一段时间的学习后，学生的英语基础知识、听说读写技能、学习方法、学习兴趣，以及英语文化意识等比之前有了较大的提高或发展。学生有无进步和发展是衡量教学有没有效果的唯一指标。只有关注教学效果、关注学生通过学习以后哪些方面取得了进步，才能促进英语的有效教学。

3. 注重教学效率

高校英语的教学效率是指通过有效的教学行为，在尽可能少的教学投入内获得了尽可能多的教学效果，即最大限度地促进高校学生综合语言运用能力的发展，也就是学生学习英语的高效率。由于高校学生在校学习英语的时间非常有限，教师只有采用科学有效的教学方法，高效地利用时间，尽量减少与教学内容无关的活动，才能在有限的教学时间里让学生学到尽可能多的知识，英语运用能力得到提高。提高教学效率是有效教学的基本保障。

二、高校英语有效教学环节及其特征

（一）有效教学的环节

1. 课前导入环节

导入是英语教学的第一个环节。一般而言，一堂课有三个阶段：导入、正课和总结。教师在导入阶段就要以教学的艺术魅力激起全体学生的兴趣，为下一步教学的顺利展开奠定良好的基础。就高校英语教学而言，无论是词汇教学、语音教学、语法教学，还是篇章分析教学，都应该力求在导入环节引起学生的注意力，激发学生对英语学习的兴趣。

2. 课堂讲解环节

（1）讲解环节的语篇分析

语篇分析是指以语篇为基本单位，从语篇的整体出发，对文章进行分析、理解和评价。其包括语篇的主题分析、结构分析及文体分析。

在高校英语教学课堂讲解环节中，要突出语篇教学。句子水平上的教学只能培养语言能力，要培养交际能力，须把教学水平提高到语篇水平。语篇分析对于学生了解文章内容、作者写作方法及以英语为母语时的思维习惯很有帮助。一直以来，语篇分析广泛应用于英语专业的语言教学，但在高校英语教学中未受到足够的重视。高校英语教学要重视语篇分析，才能让学生准确地把握一篇文章的脉络和寓意。语篇分析在很大程度上可以促进非英语专业学生英语写作能力、听说能力的提高，能够激发他们阅读各种题材英语文章的兴趣。

（2）讲解环节的提问技巧

在课堂教学中，教师已经习惯运用启发式教学方法即提问，提问已经成为课堂教学中必不可少的一部分。学生的学习过程实际上是一个不断提出问题和解决问题的过程。课堂提问有设问、追问、互问、直问和反问五种类型。教师在提问时，要注意问题的科学性，要有助于学生思维的发展，要遵循量力性原则、阶梯性原则、整体性原则、学生主体性原则、精要性原则、趣味性原则、启发性原则、激励性原则。只有这样，课堂提问才能启发学生领会教学内容，检查学生掌握知识的情况，培养学生的创造性思维，调动学生的积极性。

3. 实际操练环节

在课堂操练环节中，教师不再是传统意义上的"知识传播者"，而是学习的帮助者。在课堂操练环节中，学生应是核心。但教师的作用仍然很重要，例如，在知识上、心理上帮助和支持学生，观察和分析学生的活动，了解和分析每个学生的长处和短处，发现教学中的不足并加以弥补等。这种交际性的课堂教学操练活动要比传统的教学活动更为有效，当然对教师的要求也更高，要求教师必须具备很强的观察能力、分析能力、对教学内容的临时整合能力和对课堂教学的组织能力。课堂操练环节有多个方面，下面主要探讨小组互动式教学。

小组互动是英语教学课堂操练活动中的常见形式之一，也是有效教学模式的主要表现形式，它要求教师充分调动学生的积极性，有效地组织起以学生为中心的生动活泼的课堂活动，并从中发现问题，及时加以帮助和引导。高校英语作为一门实践课程，需要学生通过个人的实践来培养学习兴趣，提高其语言技能。小组互动恰恰为这一实践要求提供了充分的机会。小组互动这一小范围的语言实践活动，能使学生消除在语言操练中可能产生的紧张和焦虑心态，使他们能更积极有效地进行学习。小组互动经常会以完成某种任务的形式来进行。在这一过程中，学生之间处于互动的状态，通过意义共建增进语言习得。

（二）有效教学的特征

1. 合理的教学目标

适宜的教学目标可以为教师开展有效教学提供指导。制订目标要符合学生的实际情况及满足社会的需求，即基于学生目前的英语基础，让学生通过高校英语的学习可以达到怎样的水平，掌握怎样的技能。如果这个目标定得太高，学生通过努力也无法达到，这样的英语教学就不能称之为有效教学。高校英语教育的培养目标是为生产一线培养应用型人才，如生产技术员、设备操作员、现场管理员等，学生通过高校英语的学习，能够掌握将来在工作中涉外交际所需要的英语语言知识与应用技能，如能够看懂先进设备、器械操作的说明，书写简单信函、通知、备忘、合同，能进行简单的口头交流等。

2. 适宜的教学内容

（1）教学内容要有实用性

内容必须是高校学生在今后的工作中所需要的内容，如听说方面的内容包括问候、介绍、饮食、感谢、道歉等，写作方面包括简单的信函、传真、产品说明、合同、简历等。

（2）教学内容要体现交际性

内容围绕现实生活中丰富有趣的话题，通过情境的创设，培养学生的语言交际能力。

（3）教学内容还要体现知识性

高校学生对英语的一些社会背景、民俗文化等了解得并不多，英语教材通过提供相关的知识，让学生对世界的认知能力得到进一步的发展，激发学生学习的兴趣与热情，提高学生的综合文化素养，以适应将来工作生活的需要。

3. 适切的教学方法

高校英语教学要以培养学生实际运用语言的能力为目标，突出教学内容的实用性与针对性，即以应用为主，因此，教师要根据这一教学目标及学生的实际情况，采用适宜的教学方法，调动学生的积极性，有效地完成教学任务。显然，传统的以讲授为主的教学方法并不能有效地提高学生的英语实际运用能力。而以具体的交际环境及任务的指引来培养学生正确使用语言的能力的情景教学法、任务型教学法，则是达到高校英语教学目标的主要教学方法。

三、高校英语有效教学的内容

高校英语教学内容组织是一个复杂的系统，有效教学内容必须是一个整体概念，既能充分发挥各个不同层次的作用又能充分调动教师、学生两方面的积极性。"在教学内容的选择上,应该尽量选择跟实际交际更为接近的内容、与职业相关的内容,让学生能够学有所得,学有所用。"① 高校英语有效教学内容包括以下六方面原则。

第一,全面性原则。高校英语有效教学内容的组织先要贯彻全面性原则,从整个教学工作系统出发,全面考虑问题,教学内容要为实现教学的整体目标和任务服务,要体现这一原则,就要制订统一的教学计划,实现计划管理,以最优化的方法把各个教学组室和各个管理单位科学地组织起来,把各个教学环节有机地协调起来,形成合力,这是实现整体优化,完成教学目标的有效保证。

第二,反馈性原则。教学工作,无论是就其纵向的各种序列、层次而言,或是横向的各个单位、教研室,以及他们之间的关系复杂情况而言,都需要做到信息传递迅速、信息沟通合理、信息及时反馈。在此基础之上,才能实施教学内容的有效组织,从而达到预期效果。

第三,灵活性原则。高校英语有效教学内容的组织要具有灵活性,内容包括两方面:①教学内容方法要灵活。传统的教学是教师在讲台上讲课,学生在讲台下听课,英语教学主要是语言的知识和技能两个方面,而语言知识主要是语言的语法和文法,语言技能主要是在语言实际运用上。不同的学习内容方法其特点也不同,对于学习的主体,学生的状况也不同,教师要结合学生及其自身特点,改善课堂的教学情况,激发学生的兴趣,用兴趣引导学生学习,从而激发学生的学习热情。②语言内容的使用要具有灵活性。语言的本质是交际工具。英语作为运用广泛的语言,要达到生活化,需要在日常生活中多用英语表达,英语作为活的语言,教师可以在课堂上用英语授课,以此达到灵活运用的目的。

第四,阶段性原则。阶段性原则要求英语有效教学内容组织工作既要重视全过程的管理,又要做好分阶段的管理,明确全过程的管理目标,加强对全过程的管理工作,推动各个阶段工作朝着整理的目标前进。只有各个阶段的工作做好了,才能使整体目标的实施得到保证。过程由阶段组成,因而贯彻阶段性意义对于教学内容的组织意义重大。

第五,层进性原则。英语有效教学内容组织需要具有层进性原则,在设计教学活动时必须依据合理的、循序渐进的过程,切忌一次性推进,要有过程。所谓过程,是从感性到理性,从认知到思考,从思考到质疑,再从质疑到探索发现。只有将这一观点作为基础性原则,才能制订有效的教学方案。在教学过程中,教师也要遵循层进性原则,将学生已有的知识和生活经验,与学生自身所学的内容相联系,并构建框架:首先,教师应该做到使

---

① 韩宪武. 新时期高职高专英语有效教学策略初探 [J]. 湖北科技学院学报,2013,33(3):1101-102.

每一个教学环节都循序渐进,不仅要承担这一环节的教学责任,还要准备下一环节的衔接,从而起到承上启下的过渡作用;其次,思考和策划每一个环节,明确目标,才能更好地向目标迈进。

第六,创新性原则。探索新的教学内容和模式,提高高校英语有效教学的效率。过多地依赖或推崇某一种教学法会在具体的教学实践上产生偏差,不利于高校英语教学的进一步发展与提高。在语言教学的过程中,教师不应该过多的偏爱某一种教学方法,也不应盲目地排除另一种方法。高校英语有效教学的课堂模式应吸收各种好的教学方法,并应用于教学过程中,以满足实现教学目标的需要。因此,教师要更加注重教学模式与教学内容的创新。

总而言之,上述原则以知识的纵向延伸、横向整合和逻辑顺序及学生的发展顺序为出发点,是教学内容组织可以信赖和依靠的基本原则,它可以适用于所有学科教学内容的组织。

第二节 "具身认知"下的英语有效教学

基于对高校英语有效教学的认知及"具身认知"的相关认识,得出"具身认知"理论框架下的英语有效教学有以下原则。

一、"具身认知"的开放性原则

"具身认知"理论认为人的身体是一个积极主体,是能动性和自然性的统一。人的认知风格主要包括听觉型学习风格、视觉型学习风格、动作型或综合型学习风格三种。大量心理测试表明,属于听觉型学习风格的人和视觉型学习风格的人只占少数,而绝大多数的人都属于动作型或综合型学习风格的人。大多数学生都不适合或不愿意以仅坐在教室听或者看的方式学习,灌输式教学是最低效的课。因此,开放性的教学环境可以让学生能体验到一种身心的愉悦,这无疑是构建具身化课堂教学的前提。

在开放性的课堂中,学生的身体不将处于固定模式下、局限于课桌周围,更能全身心地投入到最佳学习状态之中。而在教学过程中,教师也应理解和呵护学生不同的个体特性,尊重其个体的意愿,关注其身体感受和体验,为其提供更广阔的思维空间,为其释放自然活力和创造力创造条件,从而实现教学活动与情境的有机融合。

二、"具身认知"的实效性原则

有效教学研究的核心是提高教学效率；学生的发展是评价教学效率的唯一标准；对教学目标的把握与否决定了教学效果的好坏；教师良好的教学品质、行为、技能和策略等都是有效教学的保障。

有效教学是一种促进学生发展、实现预期教学目标的教学活动。高校英语有效教学是在科学理论指导下，在有限的课程教学时间内，能充分调动学生的学习积极性和参与度，从而提高学生的英语应用能力，并能促进其未来的可持续发展。

三、"具身认知"的交互性原则

利用自己的身体和环境认知世界是人类最为便利、最为普遍的认知方式，即"具身认知"。其特征可以归纳为：认知过程方式和步骤由身体的物理属性所决定；认知内容由身体所提供；认知存在于大脑，大脑存在于身体，身体存在于环境，认知、身体和环境形成动态统一体，三者交互，去感知事物、形成概念、解决问题。

身体是语言认知的主体，身体的参与才能激发个体的经验和创造性，身体与外部环境的相互作用才能促成有效认知的实现。高校英语教学中，教师应把握语言认知的特点，注重身体感知及其环境的交互，重视学生的共同参与，充分利用认知、身体和环境的动态统一创造一种"具身"的课堂教学。

四、"具身认知"的评价性原则

以"具身认知"理论为指导的高校英语教学，在教学模式、教学策略、教学方法、学生角色等方面都发生了较大的改变。"具身化学习"的课堂参与度更高，学生身心互动体验感更强。例如，角色扮演、情景模拟、小组讨论、辩论、配音等教学策略有助于调动学生的多种感官，让他们通过视、听、说、触等方式身心投入认知语言。因此，教师也应重新审视对学生的学习评价方式。

在"具身认知"理论的指导下，师生应该彻底打破传统的英语课堂教学中只关注大脑，不关注身体的纯知识教学方式与评估方式，依据"具身评价"原则，构建一种反映"具身认知观"的评价体系。在这样的评价体系下，对学生学习过程中的身体介入度、主动参与度、知识的生成性等进行适时评价，关注学生身心成长，以便对学生的学习情况进行更客观深入的评估。

"具身认知"指导下的高校英语有效教学活动设计原则初探，旨在推进"具身认知"理论在高校英语教学中的应用，创建"具身化"学习情境，使学生身临其境，从而改变高校英语教学现状，打造出高效课堂，切实帮助学生有力提升英语语言素养与可持续发展能力。

第三节　高校英语有效教学方法与策略

在高校英语教学实践中，教师只有想办法实现英语的有效教学，才能更好地实现高校英语教学的目标，培养出既具有专业技术能力，又具有实际使用语言进行交流和处理业务能力的应用型的技术人才。

一、高校英语有效教学方法

（一）基础知识的有效教学方法

1. 语音教学的有效方法

（1）听音模仿方法

高校英语教学中，语音系统学习的主要方式是听和模仿，教师的发音是学生语音学习的重要标准，所以需要教师在规范自己的英语发音、提升能力。教师在进行语音教学时，让学生在听清、听懂的基础上观察教师的口型，模仿教师的发音口型和方法进行练习。在此基础上，教师再对发音的要领进行讲解，促进学生更好地进行语音学习。例如，教师在英语口语教学时，向学生传递音标的知识。首先，要学生熟悉发音的器官，了解发音的方法和部位；其次，教师发出规范的声音让学生仔细观察是怎样发音的，注意一些细节，如嘴唇的开合程度；最后，让学生进行练习，掌握发声的正确方式。在学生掌握发音的方法后需要经过反复的练习来巩固，除了基础的发音练习外，高校英语教师可以制作国外原声的发音视频供学生进行听音练习，也可以根据学生实际演练中出现的发声问题进行指导。在听音模仿中，不只有单音模仿，重音模仿、语速模仿、情景模仿、情感模仿和节奏模仿同样重要。

（2）拼读训练英语

高校英语教学的拼读训练可以提升学生的发音认识和能力。教师进行拼读教学时应先易后难，先让学生从熟悉的内容开始学起，如元音字母、元音音素和单音节词；然后到双音节词、多音节词，教师需要让学生注意重音的问题。经过长久的拼读训练后，学生能够依据音标正确发音。

（3）对比训练方法

高校英语教师在进行英语语音教学时，可以采用对比训练的策略让学生对于语音学习有更好地理解。在学习外语时，汉语的语言习惯有时会运用到英语中。例如，有的学生有时会混淆汉语复韵母的发音和双元音。针对这种情况，英语教师需要向学生解释汉语复韵母的发音和双元音的概念、区别和联系，然后进行针对性的训练来养成良好的习惯。此外，学生发音的训练也可以运用英语发音中的最小对立体。一般而言，只有一个音位不同且意义有差异的单词叫作最小对立体。运用最小对立体的方法能够帮助学生牢记语音和语义，同时也有利于提升学生的听力和阅读能力。

2. 词汇教学的有效方法

（1）利用语料库开展词汇教学

第一，使学生在语境中掌握词汇具体用法。与语境相关的实例在英语语料库中有很多。在具体语境中进行英语词汇的学习会使学生的词汇学习更加简单、容易。学生通过在语料库的语境相关学习中，可以了解到词汇的使用频率、使用方法，了解高频率词语的各种具体使用方法和语言现象。即且学生在具体语境中注意力也会更加容易集中，可以对相应的词汇运用规律进行归纳总结。例如，教材给"outline"这个单词的注释是"概要、轮廓、外形"，在实际应用中，教师可以在语料库中进行检索，找出其应用的几种使用方法和使用频率，或者让学生自行检索。通过检索，学生可以知道"outline"这个单词可以作动词，也可以做名词。在实际教学活动中，教师要先示范语料库的正确使用方法，让学生学会如何使用。通过语料库的使用，学生自主学习和动手能力得到了提升。

第二，对近义词及同义词进行检索。习惯汉语语言的使用方式，在学习英语的过程中不可避免地会出现一些困境，在近义词和同义词的使用中，我国的学生普遍会存有较大的疑虑。通过在语料库检索同义词、近义词，可以帮助学生更好地理解同义词、近义词，然后总结出相应的规律进行实际运用。例如，"damage"和"destroy"这两个单词，他们都有摧毁、毁灭的意思，是一对近义词，为了方便理解，可以先在语料库中对"damage"和"destroy"进行检索，具体分析二者的使用方法，从而理解这两个单词的不同之处，也可以用语料库检测多个意思相近的词语。

第三，在检索过程中了解不同词汇搭配。词汇搭配的正确习得可以极大地提高学生的语言水平，具体表现为输出更准确、更流利、更得体、更高效、更深刻。例如，"trend"这个单词有"趋势、倾向"的意思，将这个单词在语料库中进行检索，可以发现与它有关的词语搭配包括但不限于"develop ment trend""trend up""short term trend"等短语，可以看出"trend"有多样的使用和搭配方法。通过语料库的使用，学生可以将学习中习得的词汇搭配与语料库中的词语搭配相比较，从而更新自己的英语学习认知，更好地进行词汇学习。

第四，进行词汇的复习与巩固。除了使学生在语境中掌握词汇具体用法、对近义词及同义词进行检索，在检索过程中了解不同词汇搭配外，英语语料库在词汇教学中还可以对学生进行词汇的巩固。语料库中检索出的内容可以作为练习，练习题的方式多种多样，如选择题、判断题、填空题等。教师隐藏语料库中检索出的部分内容，让学生将正确答案填到隐藏的部分。语料库资源的丰富性使教师能够根据学生的学习阶段和学习情况进行习题的选择。

学生也可以自主地应用语料库对学习过的一些知识进行巩固，同时拓展已知词汇的课外内容。语料库内容的丰富性使学生可以根据自身的学习情况进行有针对性的练习。此外，由于语料库内词汇的应用范围远远大于教材，学生可以更好地理解词汇在实际中的使用。对于语料库的使用在促进学生英语水平提升的同时，有利于提升学生的信息技术素养，实现全面发展。

（2）讲授词汇记忆的不同方法

对于词汇的掌握和使用而言，词汇量的增长非常重要，词汇量的增长很大程度上是要靠记忆来实现的。记忆词汇的方法可以包括以下三个方面：

第一，归类记忆。按照词根、词缀归类。词汇的记忆异常枯燥，且没有捷径。通过一些方法可以有效提升记忆的效率，如通过词根、前缀和后缀的记忆来扩大词汇量，降低词汇记忆的枯燥感。

第二，按题材归类。英语交际中的话题很多，可以对某一话题的有关词汇进行归类，让学生形成系统的词汇学习方法，对某一题材的词汇有系统的认识和记忆，这样记忆更加系统、有效。

第三，联想记忆。联想记忆法是词汇学习中的一种重要方法，以某一词汇为中心，然后发散思维，联想出与这个词汇有关的词汇。联想记忆法不仅可以提升词汇量，还能提高记忆的效率，还可以培养发散思维的能力。

3. 听力教学的有效方法

（1）听英语通知

在公共场所我们能够听到很多的通知，通知在我们生活中扮演着重要的角色。在高校英语教学中，教师通过收集英语通知的教学资源，让学生体会实际生活中的英语应用，有效提升学生英语听力学习水平。在全球化的当今社会，学生有更多机会出国留学或旅游,在机场等地区能够听到各种各样的英文通知,听懂英文通知是十分必要的。

(2) 听英文影视作品

国外有着很多优秀的英文电影和电视剧,一些优秀的影视作品备受广大人民的喜爱。教师可以选取一些先进的影视作品作为听力教学的材料(尽量选用不包含中文字幕的影视作品),这样才能通过听觉的刺激和视觉的侧面影响,培养学生的听力能力。

4. 口语教学的有效方法

(1) 注重网络测试与实施人机对话训练

教师可以提供相应的技术让学生对自身的口语水平进行客观的评价,然后可以借助信息技术进行人际对话训练。高校生的英语口语作业对于教师而言一直是一个痛点,传统高校生口语作业不利于布置和检查,而现代信息技术的应用弥补了这一点。通过信息技术,教师可以让学生更多地练习课外的材料,展开自主学习。

(2) 注重过程评价与教师科研相结合

在高校中,一些科研就是为了教学而服务的,科研的成功意味着教学效果的提升,为教学提供更好的指导,教学与科研息息相关。

5. 阅读教学的有效方法

传统教学中的阅读教学中,学生除了阅读教材外,可供选择的资料不够多。因此,教师可以通过信息技术建立网络阅读资源库和网络阅读平台。在网络阅读资源库中,教师不仅可以将阅读教学中的重难点上传,还可以上传一些课外阅读材料供学生阅读,提升阅读能力。此外,可以在网络阅读资源库中上传一些漫画、图片、视频等资源,引起学生的阅读兴趣,激发阅读热情,实现阅读共享。教师通过信息技术建立的网络阅读平台可供学生在线参与其中,学生和学生之间可以交流经验,教师也参与其中,在学生遇到难点时提供指导。

为了提升学生的阅读兴趣,课外阅读材料的引进十分必要,同时还有利于学生掌握阅读方法和技巧。要想让学生真正地做到"愿意学,有所学",教师需要为学生采取多样的方式创设灵活多变的内容。其中,吸引学生阅读兴趣的前提是阅读材料不能脱离学生所处的环境,而且要有相当的实用性。此外,校园价值和生活价值也需要在英语阅读教学中体现出来。教师可以通过在线学习平台培养学生素养,也可以在阅读材料中加入专业英语和学术英语来对英语阅读教学进行优化。

英语阅读中的词汇非常重要,教师让学生广泛阅读文献资料的词汇目标是使学生认识并收集出现频率较多的构成较高比例行文文字、各个学科的学术性书面文字中、在篇章的结构或修辞等起重要作用的学术词汇。教师可以向学生展示下定义、举例说明、解释、描述、对照等专业阅读中的主要语言功能来实现对教学素材的深度分析。进行阅读教学时的翻译的目标是使学生能够翻译学术文章的摘要，同时还要能够翻译与所学专业有关的短篇的学术报道和科普文章。进行阅读教学时的写作目标是使学生有质疑读过文章中的一些作者的观点，同时初步具备撰写本专业相关的科普文章和学术报道的能力。

教师在设计阅读教学内容时，为了提升学生对于语言的兴趣度和敏感度，可以将一些时事、名人名言等融入教学视频之中。教师在设计在线作业时，应该摒弃传统的作业方式，加入多样化的作业方式，如闯关答题和字谜题。同时，学生可以将自己阅读学习的视频录制好后传到教学平台，供师生、生生之间互动。学生实际出发提供了解决方案。

6. 写作教学的有效方法

（1）延续性教学方法

延续性教学法将写作教学分为若干个阶段，这些阶段在写作教学中的功能和作用都是不一样的，但是具有完整的写作要素的文章在将这些阶段进行连接后就会形成，而且质量良好。延续性教学法有一个弊端，就是不适用于所有的写作教学内容，学生不可能将学习时间大量地投入细节之中，而且学生的学习任务较重但时间和精力都是有限的，教师在采用延续性教学法时需要注意这一点。需要注意的是，大多数学生在进行写作学习时思考得并不多，这些同学认为写作不需要动脑也不需要投入过多精力，只要写完就行，这一点是错误的，写作学习是一个再创作的过程而非一个单独的写作任务。

（2）平行写作教学方法

平行写作教学法适宜在学生还未进行写作时采取的写作教学方法，指的是教师针对某一主题、方向为学生提供一篇主题明确的范文。学生基于这篇范文来决定写作的方向，从而进行写作练习。平行写作教学法可以加快学生的写作速度，同时也可以保证学生写作方向的正确性

（3）网络辅助写作教学方法

步入信息化时代后，计算机技术和信息技术在生活中的应用中越来越广泛，教育领域也不例外，这为网络辅助写作教学法提供了产生的基础，为解决写作教学中的一些问题给出了方案。网络教学相比传统教学不受时间和空间的限制，在外来的帮助下，学生和教师可以随心所欲地进行教学活动。在网络的帮助下，学生还可以与国外说英语的友人进行交流，这样可以锻炼英语的实际应用能力，对写作也大有裨益，同时，学生还可以通过网络了解国外的风俗文化和社会背景，以便更好了解英语、学习英语。

网络辅助写作教学法是从学生的角度出发，充分发挥学生的主观能动性，教师在网络

辅助写作教学法需要扮演好指导者和监督者的角色。网络辅助写作教学法的具体步骤是教师先要为学生布置下写作学习的任务，然后学生需要主动地在网络上寻找资料、分析资料，最后将其应用在自身的学习中，化网络上的资料为己用。在网络辅助写作教学法中，教师不需要进行传统的知识灌输，学生的主体地位被尽可能地放大。

（二）文化教学的有效教学方法

第一，文化包教学方法。一般而言，将教学内容和讨论形式结合后进行的教学叫作文化包教学方法。作为提升应用英语文化知识的一种重要方法，文化包教学方法有助于学生理解本国文化。教师在运用文化包教学方法进行教学时，通常要在文化包内准备一份与国外文化相关的资料，基于这份资料，学生课前进行自主学习，教师再在课堂上让学生相互交流探究。例如，高校英语教师在向学生介绍西方饮食时，需要先为学生在文化包内准备一份与西方饮食文化有关的资料，然后学生们在教师的引导下进行自主学习和谈论探究，最后小组对西方饮食文化与我国饮食文化做对比和分析。文化包教学方法有助于培养学生的跨文化意识，使学生通过认识、讨论、对比分析来提升英语语言能力。一般文化包占用的课堂教学时间较少，大概在10分钟左右，而具有类似功能的若干个文化包就可以上升到文化丛的阶段，文化丛的时间比文化包长的多，一般可以占一节课的时间，然后通过学生综合讨论来使学生内化文化丛的知识。

第二，对比分析法。对比分析法对于在文化教学中学生区分交际文化和知识文化因素有着重要的作用，同时可以加深学生对于本国文化的理解，如运用对比分析法分析英语与汉语效果极好，可以发现这两个不同干系的语言在各个方面都有着巨大的不同，如社会背景、文化发展和社会制度等。通过对比分析英语与汉语，能对比分析表层的语言结构形式的同时，对比语言内涵。

第三，讨论法。讨论法在文化教学中被普遍使用，因为讨论法在教学活动中比较容易实施。在文化教学实践中采取讨论法，先要做的是分组，然后让小组内部进行讨论和探究，讨论和探究的内容可以是对教学内容的对比、分析等。经过讨论，小组的同学们可以更加深入地了解西方文化、感受西方文化。综合来看，讨论法可以使学生促进对知识的记忆，同时提高学生的学习兴趣。

第四，文化体验法。文化体验是培养学生跨文化意识见效最快的方式，文化是一个动态而又鲜活的现象，人们在漫长的历史进程中发展了不同民族的不同文化和历史。文化体验法包含四个步骤，分别是参与、描述、解释、回应。在文化体验法教学中，学校和教师应该组织多样的语言实践活动，学生在参加语言实践活动后，更加全面、深入地了解西方英语文化。文化体验法的活动形式多种多样，如舞台剧等形式，这些能够调动学生感官的活动形式可以最大限度地吸引学生的注意力，使学生沉浸在文化教学中。此外，教师在文化教学中可以将外国文化进行整理，组织专门的课程来向学生展示国外的文化背景、风俗习惯、历史等。

二、高校英语有效教学策略

随着社会对高技能人才需求的不断扩大，教育得到了人们的高度重视和关注，所以高校对各科教学提出的要求也越来越高。英语教学不仅要求教师注重学生英语应用能力的培养，还要求教师结合时代需求，促进学生的全面发展，使学生成为"实力派"人才。可见，提高英语教学的有效性是教育改革的要求，也是时代发展的需求。所以，英语教师要意识到提高英语教学有效性的必要性，并努力提升自身的教育思想和教学能力，从而提高教学的有效性。

（一）因材施教的有效教学策略

第一，结合学生实情，实施分层教学。由于高校生源情况较为复杂，学生的英语水平参差不齐。因此，想要实现英语有效教学，教师就必须要从学生的实际情况出发，实施分层教学。教师要想实施分层教学必须要立足于学生的英语知识水平实情，对不同英语基础水平的学生进行合理的分层，如果学生之间的英语水平差距过大，教师还可以对其进行分班教学。

第二，依据学生需要，活用英语教材。新课改要求教师要会用教材、用好教材、活用教材。虽然院校在教材选用上比较灵活多样，但是这并不意味着教师能够将教材进行灵活的应用。首先，教师要结合学生的实际需求，对教学内容进行梳理和归纳，只有这样才能使英语教学更具实用性，为学生将来的职业发展奠定基础。其次，教师应以"实用为核心，够用为基础"对教学内容进行选择。英语教学不是为了让学生记忆更多的单词和词汇，而是培养学生听说读写的能力，即英语综合应用能力。因此，在选择教学内容时，教师要避开只注重词汇、语法的基础知识内容，多选择那些能够帮助学生快速得到英语综合应用能力提升的内容，如听力内容、阅读文本等。最后，教师应根据教学的实际需求，加强校本教材的建设。这对英语有效教学的实现有着非常积极的作用。特色化教育不仅是高校的核心竞争力，也是英语教学有效性的一种体现。因此，教师要积极开发英语校本教育资源，实现英语特色化教学。

（二）以学生为主体的有效教学策略

只有学生真正地进入学习情境中，并且主动参与到学习的过程中，英语的"教"与"学"才能取得良好的效果。因此，在英语教学中，教师要意识到学生实践、学习的重要性，并采用科学合理的教学方法，加强和提升学生的英语学习兴趣和主动性。

第一，借助教育游戏，活跃课堂学习氛围。学生注意力不集中、课堂参与性不高是英语课堂教学常有的现象。教师可以结合课堂教学的实际需求，引入教育游戏，以此活跃课堂氛围，让学生"动起来"，从而为接下来的教学作好铺垫。

第二，利用信息技术，创设英语学习情境。在教学中，英语基础能力比较好的学生读一遍大概就能明白其中讲解的内容。使得通篇讲解的教学方式不再适用。但教师如果完全摒弃这种方式，部分基础差的学生又会因为听不懂而失去学习积极性，因此可以采用信息技术与教学融合的教学方式，利用多媒体为学生展现课程图片，并引导学生尝试着用英语描述图片的内容，以此调动学生参与的积极性。同时，从教材中选出几道难度不同的问题，让学生通过小组交流的学习形式，解决这些问题。教师先通过信息技术为学生创设问题情境，并将学生引入深入学习的状态，然后通过不同难度的问题让学生对本节知识内容进行自主探究与合作学习，使得每个层次水平的学生都能够参与到学习过程，从而提高课堂教学的有效性。

第三，通过实践活动，提高学生参与程度。语言类知识的学习就是要多说、多听，这样学生才能更好地掌握和内化知识。所以，教师为学生提供说英语、讲英语的机会是非常必要的。教师要充分利用已有的课程资源，让学生拥有应用英语的实践机会。在提高学生英语表达能力的同时，实现对学生的德育目标，从而提高英语教学的有效性。

第四节　高校英语课堂有效教学的优化

一、高校英语课堂有效教学的学习环境优化

一般而言，学习环境主要由物理环境与虚拟环境构成。在高校英语课堂中，物理学习环境就是教室，而虚拟学习环境就是智慧学习平台。传统的教室环境的构成元素比较简单，包括教师、学生、讲台、黑板等，这种教室形态比较原始。现代信息技术的出现改变了教室的形态，如多媒体技术促成了多媒体教室的建立，但是实际上此时学生的学习模式并没

有多大的变化，学生依然在被动地学习，智慧培养没有得到重视。而智慧课堂则改变了这种局面，它依托于智慧教室，致力于促进学生智慧的生成。

智慧教室的组成要素包括基础设施、泛在网络、教学平台、技术支持平台、移动终端设备等等。其中，基础设施主要是教室中的桌椅板凳、灯、计算机、无线路由器等；泛在网络是多种网络连接方式；技术支持平台是数据采集、数据分析平台；教学平台是能够完成教学实施与管理的平台；移动终端设备则是智能手机、平板电脑等。在现代教育技术发展的初期，由于缺少完善的平台，这些智能技术只能被零散地应用，不能将其功能发挥到最大，而"互联网+"时代则促进了它们的技术融合，许多开放的、智能的移动学习平台建成，教师与学生可以在一个平台上完成所有的教学任务与学习任务，包括师生互动、布置作业、完成作业、教学评价等。而且这些平台还在不断更新完善、不断满足人们新的需求，智慧学习平台在教育领域的应用也越来越普遍。

（一）智能移动终端的优化

智能移动终端是人们日常生活中频繁使用的智能手机、电脑等，它们使用起来非常便捷，具有移动性与实时性，并且可以同时执行多个任务。移动互联网技术为实现移动学习提供了技术条件，在现代社会中移动学习几乎贯穿着学生的生活。在此背景下，越来越多新兴的、先进的移动学习设备被创造出来，这些设备可以帮助人们随时随地开展学习活动。

具体来看，智能移动终端的特点主要体现在4个方面：①就硬件而言，智能移动终端将中央处理器（CPU）、存储器、输入和输出部件融于一身，它实际上就是一台微型的计算机，还具备了通信功能；②就软件而言，智能移动终端，包含操作系统，这些操作系统涉及的内容非常丰富，包括教育、娱乐、购物、社交等方面，并且这些系统大多数都是可以免费使用的；③就通信而言，智能移动终端适用于多种网络标准，它的接入方式比较灵活，而且具有高带宽的优势；④就功能而言，智能移动终端的功能在逐渐完善，并且朝着人性化、智能化的方向发展。

在高校英语智慧课堂中，主要使用的智能移动终端就是智能手机，随着智能手机的屏幕逐渐优化、功能逐渐丰富，其在教育领域的应用也越来越普遍。智慧课堂中的智能手机主要具备的功能包括3个方面：①社交功能。手机本身就具有社交功能，而智能手机中的微信、QQ等软件则优化了这一功能，学生可以借助这些聊天工具与教师、其他同学进行即时交流。而且这种交流可以是文字形式的，还可以是语音、视频形式的。②搜索查询功能。智能手机具有便携性，学生在学习过程中往往会遇到需要查询的知识信息，手机则可以满足学生的这一需求,让学生随时随地都能搜索信息。③阅读观看功能。学生的学习离不开阅读,智能手机可以为学生提供电子书与优质的课程视频,让学生随时随地都能阅读观看,为学生的碎片化学习提供了设备条件。

(二)智慧学习技术的优化

智慧课堂建立在诸多先进的现代教育技术的基础上,这些先进的信息技术就是智慧学习技术,其中包括大数据技术、人工智能技术、云计算技术、物联网技术等。在信息技术的更新迭代中,人类开启了大数据时代。大数据技术在教育领域的应用也逐渐推广开来。大数据主要的特征有5个方面:①容量大,即拥有海量的数据;②种类多,即数据的类型丰富;③速度快,即人们可以快速地获取数据;④真实性强,即数据质量较高;⑤价值大,即数据可用价值高。要想充分发挥大数据的功能,就必须结合学习分析技术,该技术主要对这些海量的学习数据进行分析,进而对学生作出客观的评估,找出潜在的问题,并且提出应对的方法。可见,智慧学习技术是相互联系的,不能孤立地看待,它们往往会一起发挥作用。在传统的英语课堂教学中,教师往往很难了解学生的学习过程与轨迹,无法实时掌握学情,而智慧学习技术的出现,将师生在课堂上的教学学习数据尽数捕捉,并且能够对这些数据展开科学分析,还能将其可视化,教师可以更加直观地了解相关的教学信息,帮助教师制订教学策略。

二、高校英语课堂有效教学的课堂构建优化

(一)构建智慧课堂的意义

1. 提高英语课堂效率

基于信息技术与大数据技术形成的英语智慧课堂能够极大地提升英语课堂教学效率,辅助英语教师设计出合理的、个性化的教学方案。高校英语智慧课堂有着非常丰富的教学知识储备,支持多样化的教学形式,能够借助现代信息技术实时分析学情,跟踪记录学生的学习过程,并且可以随时回顾相关的教学内容。英语智慧课堂对英语教学效率的提高主要体现在两个方面:①教学密度高;②教学节奏快。教学密度高是因为英语智慧课堂涉及的知识范围非常广,教学内容多,练习量较大;教学节奏快是因为在现代教育技术的辅助下,英语课堂教学的节奏加快了,不过依然遵循着一定的秩序。

2. 减轻教师教学负担

智慧课堂可以根据英语教学大纲及本节课的教学内容，智能化地为教师推荐教学课件，推送相关的音频、视频教学资源，还会筛选出课程内容的重难点，推送具体的应用案例等，这为英语教师备课带来了极大的便利。英语教师可以借助这些优质的智能化课件，高效、快速地完成备课任务。以往英语教师需要通过检查学生作业才能掌握学生对知识的理解程度，还要组织考试，设计试卷、修改试卷，期中或期末考试的工作量会更大，这些工作都是对教师教学时间与精力的消耗。智慧课堂则以智能化技术与海量的资源库，代替了教师的出卷、改卷工作，并且还能在改卷之后自动生成分析报告，明确学生在学习中的问题，为教师提供了精准的、科学的数据，便于教师有针对性地修改教学策略。显然，智慧课堂帮助教师节省了大量的重复劳动的时间，使英语教师的工作负担有所减轻。

3. 利于实现因材施教

每个学生的学习能力与学习特色都不同，每个个体之间都存在差异，但是教师数量有限、课时安排不足等多个方面的原因，传统的英语课堂教学很难做到因材施教，教师只能用一个统一的标准要求学生，导致许多学生都不能充分发挥其学习潜能，教师也难以达到预期的教学目标。现代教育技术的发展正在逐渐解决这些问题，教师可以借助计算机技术与网络技术，为学生创建一个良好的自主学习环境。在这里学生可以根据自己的学习能力与学习兴趣，灵活地采用各种学习方式与学习途径开展英语学习。对于学习能力较弱的学生而言，他们可以选择难度较低的课程，循序渐进地展开学习；对于学习能力较强的学生而言，他们可以选择较高难度的课程，挑战自己，激发自己的无限潜能。可见，智慧课堂使因材施教的实现成为可能。

4. 养成教师互联网思维

所谓互联网思维是在网络信息时代下产生的一种全新的思维方式，它具有诸多优势与特点，具体包括跨界融合、平台开放、关注用户、强调体验、应用大数据技术等。教师制作教学视频的任务重、压力大，不能仅依靠教材进行视频制作，而是要充分利用互联网中的优质资源。教师可以在网上寻找一些符合自己需求的、合适的、优质的课程视频，直接下载使用，这能够有效减轻教师的工作压力。此外，英语教师之间也要进行微课视频共享。

传统的英语课堂教学需要依赖教师的主观经验，而现代英语智慧课堂依靠的是大量的、充足的客观数据。借助大数据技术对学生学情、教学效果展开分析，极大地推动了高校英语教学改革的进程。具体来看，大数据技术与人工智能技术可以使教学分析结果可视化，教师可以通过清晰的图表了解教学效果，反思教学策略，进而有针对性地予以调整。同时，教师还可以借助新兴技术分析掌握学生的个性特点、学习偏好，从而帮助学生找到最适合自己的学习方式，为学生制订个性化的学习计划，真正地实现差异化、个性化教学。

（二）智慧课堂目标与特征

1. 智慧课堂的目标

英语教师在智慧课堂教学中要对学生有充分地了解，积极调动学生的兴趣与热情，通过客观、公平、个性化的评价驱动学生投入学习。具体来看，英语智慧课堂的教育目标可以从以下 3 个方面进行探讨。

（1）教育资源有效获取与存储

经过数字化处理，能够在计算机网络中投入使用的教学资源就是智慧课堂的教学资源。智慧课堂教育资源能够促进教育教学的改革发展。一般而言，网络课程、音频视频资料、电子教案、数字化资源库等都属于智慧课堂的教学资源。根据具体的功能作用划分，教育资源可以分为教学素材与辅助程序两大类。教学素材就是我们常见的在教学活动中频繁用到的文字、图片、音视频等形式的教学资源；辅助程序则指能够帮助学生解决问题的教学程序，如学生遇到不认识的单词时，可以用网络英汉双解程序查找其释义，这种程序也属于教学资源。对智慧课堂的教育资源能够有效存取与利用是教师必须具备的能力，同时这也是智慧课堂重要的教育目标。

（2）实现课堂教学高效互动

传统课堂的师生互动往往僵硬且无效，智慧课堂推出的互动式教学系统则突破了这一难题，真正实现了有效的课堂互动。智慧课堂主张教师在进行教学设计时应该将"互动"放在中心位置，同时借助多媒体技术、互联网技术、大数据技术及云计算技术等新兴的教育技术，开展丰富的课堂互动活动，互动活动可以有多种形式，可以是一对一，也可以是一对多、多对一，教师与学生可以相互交流分享自己的观点。这极大地增强了学生的课堂参与感，有助于加强学生的学习兴趣，激发学生的学习思维。智慧课堂不仅为师生互动提供良好的环境，还增加互动的对象，拓宽互动的范围，使高效互动课堂成为现实。

（3）培养学生的学习主动性

科技的进步与时代的发展改善了人们的生活条件，教育领域也在不断涌现出丰富的教学资源与先进的教学设备，教育信息化、智慧教育等教学理念逐渐被人们接受，教师与学生的教学学习生活也在朝着多样化、个性化发展。基于这一背景，主动探究学习逐渐成为人们提倡的学习模式,传统的被动接受学习正在被淘汰。在传统课堂上,学生采用的是传统的学习方式,即上课听讲、记笔记,下课完成作业。智慧课堂为学生提供了全新的、多样的学习方式,拓宽了学生获取知识信息的渠道。学生可以借助这些数字化资源与网络平台开展自主学习,自主选择感兴趣的学习内容,自主选择学习的时间与空间,学生的学习主动权重新回到了自己手中。智慧课堂期望能够激发学生的主动性,改变学生被动消极的学习状态,让学生更加积极地投入学习中。学生在智慧学习环境和教师有效的教学组织形式下,提升自身的认知、情感、思维等智慧潜能,达到智慧学习的目的。

2. 智慧课堂的特征

(1) 数据动态化

数据动态化是英语智慧课堂的首要特征,智慧课堂就建立在各种数据基础上,利用大数据技术收集学生在学习过程中产生的各种行为信息,并对其进行数据分析,为教师提供直观的、精确的学情报告,以便教师合理地调整教学流程。智慧课堂中的数据是动态的,英语教师可以实时掌握学生的学习状况,动态地调整教学策略。

(2) 实时个性化

英语智慧课堂可以为学生推送个性化的学习资源,满足学生的个性化学习需求,并且还能够为师生、生生之间的交流提供实时互动的平台。教师可以实时掌握学生的学习进度,学生也可以随时向教师提出问题,教师与学生可以通过智慧教学平台获得及时的反馈与评价。

(3) 高效互动化

英语智慧课堂引进了各种先进的教学技术,这些现代教学技术极大地提升了课堂的互动效率,除常见的小组协作学习、讨论学习之外,智慧课堂还引进了抢答器、随机挑人等设备,这些新兴技术为智慧课堂增加了趣味性,使学生的积极性与学习热情得到了激发,更使课堂上的互动交流更加高效。

(4) 多元智慧化

英语智慧课堂采用多种新兴的教育技术,使课堂变得更加多元,同时智慧课堂还具有大量的智慧、智能元素,它能够智能地监测学生的学习过程,智能地生成数据分析报告,智能地推送教学资源。

(5) 工具丰富化

英语智慧课堂引入了各种各样的教学工具与学习工具,并且它将这些智慧教学工具应用到许多真实的、具体的情境中,这有助于学生自主建立相关的知识体系。丰富的、智能的学习工具为学生创造一个智慧化的学习环境,提供了多种学习途径。

（三）智慧学习资源的利用

学习资源是指学生在学习过程中需要的信息资源与实物媒体，它是教师与学生开展教学学习活动的前提。信息资源主要是学习过程中需要用到的信息技术、教学设备等，实物媒体则是学习活动中需要的实物、标本、模型等工具，实物媒体更加形象直观，具有较强的真实感与空间感。智慧学习资源就是智慧课堂教学所需要的资源。在信息时代的背景下，英语教学资源的内涵也有所扩展。现如今，除基础的英语教材之外，其他相关的辅导书籍、音频、视频，以及网络上的课程资源都属于英语教学资源。只要英语教师仔细筛选、加以利用，就能为英语课堂增添各种有趣的、新鲜的内容。高校英语教学必须与时俱进，关注网络教学资源，加强信息技术与英语课程的整合，最大限度地提升英语课堂教学效率。

英语智慧学习资源包括预设性学习资源与生成性学习资源。预设性学习资源是智慧学习平台所提供的所有资源的集合，它鼓励资源独立于设备。学生可以随时随地用手机在资源库中查找资料，选择自己需要的资源。智慧学习平台还能按照学生的学习特征、学习需求为其推送合适的学习资源。生成性学习资源具有生成性和发展性。换言之，它并不是预先存在的资源，而是随着学生的学习活动不断生成的资源。学生与教师、同学的交流记录，学生的个人反思与学习成果等都属于生成性学习资源。

英语智慧化教学将现代教学技术引入英语课堂之中，促进师生之间的互动交流，可以通过网络远程将优质的英语教学资源输送到各个地方，促进教学资源的共享。空间上，通过多媒体教学技术，学生可以坐在教室中看到其他学校的教室场景。换言之，英语教学可以以异地同步的教学形式进行，英语的学习不再受到空间的局限。时间上，教师与学生的互动交流可以摆脱课堂时间的限制，即使在课下，学生也可以向教师提出自己的问题，与其他同学在线上进行讨论，学生的思维也不再局限于某个课堂，其英语学习思维会得到拓展。

第五章　高校英语学习方法的具体内容

第一节　高校英语的合作学习方法

"英语学习的过程其实就是交际的过程,而交际的基础就在于合作。"[1] 通过人与人之间的合作,其交际的内容会表现得更丰富,英语学习也就更深入。合作学习是学生社会性的本质体现。

一、高校英语合作学习的认知

(一)合作学习的要素

一般而言,合作学习包含三个要素:小组活动、相互支持及组员间的人际交往技能。

第一,小组活动。小组活动是合作学习的基本要素。小组活动是指小组有明确的学习活动时间、明确的学习活动目标、明确的学习活动任务、各个组员间的明确分工、真实详尽的学习活动反馈。

第二,相互支持。合作学习中组员之间的利益是联系在一起的,每个组员的学习行为都会对整个小组的学习带来一定的影响,因此组员之间必须在心理、资源等方面相互支持,使整个小组的利益最大化。

第三,组员间的人际交往技能。小组的氛围直接影响学习目标的实现,所以组员应掌握一定的人际交往技能,从而创设良好的氛围。组员之间应彼此信任、积极沟通及正确处理冲突,这些都是人际交往技能的表现。

(二)合作学习的类型

合作学习结构由三种类型的合作学习小组构成:①正式合作学习小组,可以用来教授具体的学习内容;②非正式合作学习小组,可以用来确保学生在听课时能做到对信息进行积极的认识加工;③基层小组,可以用来对学术上的进步提供长期的支持和帮助。任何课程布置的作业都可以通过采用合作小组的方式来完成。

---

[1] 吕文丽,庞志芬,赵欣敏. 信息化时代下的高校英语教学改革探索[M]. 长春:吉林大学出版社,2019:86.

第一，正式合作学习小组。在正式合作学习小组中，教师需要做到下列6点：①组织学习小组；②教学生需要掌握和运用的概念、原则和策略；③布置要合作完成的任务；④检查学习小组的作用；⑤通过教一些协作技巧和在需要时提供学术帮助等来进行干预；⑥评估学生的学习效果和指导学习小组有效运作。

第二，非正式合作学习小组。在非正式的合作学习小组中，教师应该做到让学生关注学习材料，进入学习状态，确定对授课内容的期望，确保学生对所学材料进行认识加工，并对一节课作小结。学生可以用3～5分钟的讨论来总结他们所了解的主题，这个主题是在课前或课后的焦点讨论中设置的。这几分钟的讨论可以被穿插在整个授课过程中。

第三，基层小组。合作学习的基层小组可以在学习过程中给学生提供所需的支持、鼓励和帮助。基层小组的成员相互关心对组员在高校里能坚持不懈地学习非常重要。采用基层小组的学习方式有利于提高听课效率，使所要求的学习任务和学习过程个性化，并提高学习的质量和数量。班级或高校的规模越大，教学的内容越复杂或越困难，成立基层学习小组就显得越重要。

（三）合作学习的影响

第一，有助于促使学生之间互帮互助。合作学习具有交往性、互助性、分享性特点，所以学生在合作学习中可以通过师生互动、生生互动，互相启发、互相协作、互相鼓励，分享经验与知识，进而解决学生个体的难题，最终完成学习任务。

第二，有助于培养学生的团体意识。在合作学习活动中，学生很容易将自己归为某一组（团体），并与该组荣辱与共，集体荣誉感极为强烈，团体意识在不知不觉中得以产生和发展。

第三，有助于调动学生的积极性。通过合作学习，学生会逐渐意识到自身存在的不足。此外，在其他同学的帮助下学生也会更愿意参与教学中的活动。一旦学生参与到合作学习中，学生之间就可以展开更为充分的交流，帮助学生更好地完成学习任务。

第四，有助于培养学生的创新精神。通过合作学习，学生之间形成"支持性风气"，学生之间的相互信任、合作的程度会有所增加，他们共同完成的作品也就更具创新性和多样性。

总而言之，合作学习对培养学生的合作精神、团队意识和集体观念等均有很大帮助，还能在一定程度上弥补一个教师难以面向有差异的众多学生教学的不足，便于教师因材施教，最终真正实现每个学生的发展目标。

二、高校英语合作学习的应用

（一）分组合理

第一，教师必须决定小组规模。可根据学习活动的时间、学习材料的多少来决定小组规模。

第二，最好将能力不同的学生分到一组，以保证各个小组的能力水平相当，并且能力不同的学生在一起可以促进学习。

第三，将学习风格不同的学生放到一组，不同学习风格的学生在一起，也有助于学习效果的提升。

第四，组员的选择应由教师来定，而不能自由选择，因为自由选择的小组会较多地做与学习无关的事情。

（二）策划并提出问题

小组合作的学习内容要具有一定的可操作性，教师设置的问题要具有开放性和讨论性。在课前，教师应根据学习任务明确分组原则，对于小组内各成员的任务及小组完成任务的时间都应该作出明确的规定。教师是学生合作学习的引导者，教师可以给学生布置具有适当难度的任务，充分调动学生的积极性，为不同的学习小组布置不同的任务，使各小组之间互相学习、共同进步。

（三）实施与过程控制

学生开始合作学习的同时，教师需要对整个过程进行监督管理。教师要观察学生的表现，且给予一定的提示，也可以用提问来检查学生的表现。教师在必要时应向学生提供帮助，解答学生的问题，提高学生学习的效率。对于学习中遇到的每个问题，组员应该先深入思考，然后再和其他组员讨论交流，教师应该尽量保证学生做到这一点。

（四）评价合作学习结果

对小组合作学习效果的评价主要涉及两个方面：①要对学生的学习过程及学习结果进行评价；②要对小组和组内各成员进行评价。

教师在评价各学习小组的成果时，要注重评价整个小组的任务完成情况，而不是小组中某一个成员的成绩。同时，教师还要对小组成员参与的积极性、主动性和思维的独创性等各个方面给予恰当的评价，既可以在小组内为其他学生树立学习榜样，激发组内成员相互学习的热情，又可以调动成员参与的积极性，打消个别学生的依赖性，最终实现教学目标。

第二节　高校英语的自主学习方法

近年来，自主学习成了外语教学的研究热点，培养学生的自主学习能力也成了英语教学的重要任务。在信息化时代下，高校英语自主学习方式可以不受时空的限制，不断提升学生的积极性和主动性，有助于学生终身学习的实现。

一、高校英语自主学习的认知

"自主学习"这一概念虽然早在20世纪就已经被教育学家提出来了，但至今都没有形成一个统一的定义。可以从横向层面和纵向层面对自主学习的实质进行总结。

横向层面的自主学习是从学习的各个维度和方面对自主学习进行综合界定。同时，自主学习就是学生对学习的各个方面自觉地做出选择和控制，学生的学习具有充分性。具体而言，如果学生的学习动机是自驱动的，并且学习内容是自己进行选择的，学习策略也是自主进行调节的，学习时间是自我管理和计划的。那么，学生就能主动地营造有利于学习的物质与社会条件，并且能够对学习结果进行评价和判断，其学习也就具有自主性。

纵向层面的自主学习是基于学习的完整过程对自主学习实质进行的阐释。假如学生在学习活动前就能确定具体的学习目标，制订相应的学习计划，并做好充分的准备。那么，其在具体的学习活动中就能够很好地对其学习策略、学习方法等进行自我监控、自我调节和自我反馈，并且还能在学习活动后，对学习结果进行自我总结、自我检查、自我评价甚至自我补救等。相应地，其学习就具有充分的自主性特点。

（一）自主学习的特性

1. 自主学习的自立性

自立性是自主学习的基础和前提，是学习主体内在的本质特性，是每个学习主体普遍具有的。它不仅经常地体现在学习活动的各个方面，而且贯穿于学习过程的始终。因此，自立性又是"自主学习"的灵魂。具体而言，自主学习的自立性体现为以下四个方面。

第一，每个学习主体都具有"天赋"的学习潜能和一定的独立能力，能够依靠自己解决学习过程中的"障碍",从而获取知识。

第二,每个学习主体都具有自我独立的心理认知系统,学习是其对外界刺激信息独立分析、思考的结果,具有自己的独特方式和特殊意义。

第三,每个学习主体都是具有相对独立性的人,学习是学习主体"自己的"事、"自己的"行为,是任何人不能代替、不可替代的。

第四,每个学习主体都具有求得自我独立的欲望,是其获得独立自主性的内在根据和动力。

2. 自主学习的开放性

在自主学习中,学习主体变为学习的中心,由知识的被动接受者变为积极主动的学生。自主学习模式中,教师通过自己的指导使学生能够对学习进行独立的探索,学生在这种模式中按照自己的方式学习英语。由于这种角色的转变,学生学习的能动性逐渐增加,会自觉地在学习中运用英语知识、技能解决实际问题。

3. 自主学习的自律性

自律性就是学习主体对自己学习的自我约束性或规范性,它表现为自觉地学习。

第一,自觉性是学习主体的觉醒,是对自己的学习要求、目的、行为、意义的一种充分觉醒。它规范、约束自己的学习行为,促使自己的学习持之以恒。它在行为域中则表现为主动性和积极性。所以,自律学习也就是一种主动、积极的学习。主动性和积极性来自自觉性。只有自觉到自己学习的目标意义,才能使自己的学习处于主动、积极的状态;而只有主动积极地学习,才能充分激发自己的学习潜能和聪明才智,确保目标的实现。

第二, 自律学习体现学习主体清醒的责任感,它确保学习主体积极主动地探索、选择信息以及建构、创造知识。

4. 自主学习的自为性

自为性是独立性的体现和展开,它包括学习的自我探索性、自我选择性、自我建构性和自我创造性四个层面。

(1)自我探索性

自我探索建立在好奇心的基础上,是学习主体基于好奇心所引发的,对事物、环境、事件等自我求知的过程。它不仅表现在学习主体对事物、事件的直接认识上,而且表现在对"文本"知识的学习上。文本知识是前人对客观事物的认知,并非学习主体的直接认识。因此,对"文本"知识的学习实际上也是探索性的学习。通过自我探索而求知、认知,这是学习主体自为获取知识的方式之一。

第二，自我选择性。自我选择性是指学习主体在探索中对信息的由己注意性。外部信息只有经学习主体的选择才能被纳入认知领域；选择是由于被注意，只有经学习主体注意的信息才能被选择而被认知。因此，学习是从学习主体对信息的注意开始的，由内在所求引起的对信息选择的注意，对头脑中长时记忆信息的选择、提取、运用从而发生的选择性学习，是自为学习的重要表现。

第三，自我建构性。自我建构性，即学习主体在学习过程中自己建构知识的过程。在这一过程中，由选择性注意所提供的新信息、新知识，是学习的对象。对这一对象的学习则必须以学习主体原有的经验和认知结构为前提，而从头脑中选择提取的信息是学习新信息、新知识的基础。这两种信息经由学习主体的思维加工而发生了新旧知识的整合和同化，使原有的知识得到充实、升华，进而构建新的知识系统。因此，建构知识既是对新信息、新知识的建构，又包含了对原有经验和知识的改造和重组。

第四，自我创造性。自我创造性是指学习主体在建构知识的基础上，创造出能够指导实践并满足自己需求的实践理念模型。它是学习自为性更重要、更高层次的表现。这种实践理念及模式，是学习主体根据对事物发展的客观规律、对事物真理的超前认识、对其自身强烈而明确的内在需求，从而进行创造性思维的结果。建构知识是对真理的认识，是对原有知识的超越；而实践理念模式则是以现有真理性知识为基础并超越，这种超前认识是由明确的目标而导引的创造性思维活动。在这种活动中，学习主体头脑中的记忆信息库被充分地调动起来，信息被充分地激活，知识系统被充分地组织起来，并使学习主体的目标价值得到了充分张扬。

从探索到选择到建构再到创造的过程，基本上映射了学习主体学习、掌握知识的一般过程，也大致反映出其成长的一般过程。在这个意义上，自为学习本质上就是学习主体自我生成、实现、发展知识的过程。

（二）自主学习的影响因素

1. 内在影响因素

影响自主学习的内在因素包括智力因素与非智力因素两个方面。智力因素，一般指观察力、记忆力、思维力、想象力和注意力，而且其中的每一种能力都有其独特的作用。非智力因素是指动机、态度、兴趣、情感、意志、性格等。

（1）智力因素

智力因素是自主学习的前提和基础。这里的智力因素主要指语能，也就是语言智商。

语能作为智力的一部分，是个体一种特殊的语言认知能力。语言的认知能力包含四种。

第一，语音编码能力。语音编码能力可以使人形成语音与符号之间的相互联系从而辨别不同的语音，同时形成记忆。

第二，语法敏感能力。语法敏感能力可以使人辨认词在句子中的具体语法功能。

第三，语言学习归纳能力。语言学习归纳能力可以使人通过例句来归纳语言的运用规则。

第四，语言记忆能力。语言记忆能力可以使人在文字与意义之间形成有效联系，同时进行记忆。

（2）非智力因素

第一，学习态度。学习态度指学生对于自己在学习中责任的认识。在英语学习过程中只有在学生自愿负责自己的学习时，学习效率才会高。下面具体分析学生对语言本质、归因、自我效能感三方面应持有的态度。

首先，语言本质。从语言本身的结构看，所有语言都是由语音、词汇、语法三部分构成。但交际功能是语言的重要属性，如果只把英语学习放在英语语音、词汇和语法的学习上，只看重对语言基础知识本身的学习，忽略了语言的社会功能，语言学习就没有多大意义。所以，学习语言不仅要学习语言本身，还要学习对语言的使用，了解语言作为交际手段在社会交往中的作用。

其次，归因。归因指学生对自己学习成败所进行的原因解释。影响学生学习成败的因素主要有四方面：①学习能力，指学生内在的、不可控制的一种不稳定因素；②努力程度，指学生自身具备的、可控制的一种稳定因素；③任务难度，指外在的、可控制的且具备稳定性；④运气大小，指外在的、难以控制的且具备不稳定性。

归因不同，对学生的学习动机所产生的影响大小也不同。如果个体把自己的学习成功归因于能力，把学习失败归因于努力不够，就更容易激发自主学习。如果学生倾向于把自己的学业成败归因于可以弥补或纠正的原因，这种归因就可以引发学生积极的自我反应，促进学生进行自主学习。

学生在使用元认知策略进行自我学习调节时与自我效能有着密切关系，通过提高自我效能感能增加学生对认知策略的应用；高自我效能感的学生使用的自主学习策略更为有效；自我效能感通过目标设置等具体的学习过程来影响学生的自我学习动机。可见，提高学生的自我效能水平可以在很大程度上促进其自身的自主学习。

第二，学习动机。学习动机是学生由一种或者对象目标引导、激发和维持学习活动的内在心理过程或内部动力。学习动机与学习成绩关系紧密。动机是影响第二语言学习速度和成功的主要因素之一。

学习动机分为两种类型：①融入型动机被认为是学生内在的、更加持久的语言学习动机，具有这种动机的学生喜欢并欣赏所学的语言，以及与所学语言相联系的文化，希望自己能够掌握和自由运用该语言，更希望自己能像目标语社会的一个成员，并且能为目标语社会所接受。②工具型动机是指学生将目标语看作一种工具，希望掌握目标语后能给自己带来实惠。这种学习动机具有"无持久性"和"有选择性"的特点。因为，学生将外语作为一种获得其他利益的工具，有一定的局限性，在一定程度上影响和束缚着学生，从而很难达到真正意义上的语言学习效果。目前，我国的英语教学中，大部分英语学生的动机为"工具型动机"，如大部分高校学生学习英语的动机是获得四、六级证书。

一旦学习动机形成，就会对学生产生一定的指导性，如指导学生用主动积极的态度去学习、对学习表现出浓厚的兴趣、上课能集中注意力去吸取知识等，同时会使学生产生动力，使他们在学习过程中的注意状态、兴趣水平保持下去，在遇到困难时有克服困难的意志力。学习动机与学习态度也是密切相关的。如果个体学习动机明确，学习态度认真，学习目的端正，那么就会积极地为自己创造良好的学习条件和氛围。学习动机提供外语学习的主要动力并促使学习过程持续下去。

任何影响学生学习积极性的因素，都是通过学习动机这一媒介对学习活动发生作用的。换言之，学习动机是推动学生学习的内驱力。

第三，学习能力。部分学生虽然愿意为自己的英语学习负责，然而由于本身缺乏真正的自主学习能力而无法兑现这种责任。学习能力包括8个方面：①制订并根据学习情况及时调整学习目标，以使其合理化；②诊断学习材料、活动与学习目标是否相符的判断能力；③对学习材料、内容的选择能力；④对学习活动方式、自我设计学习活动方式以及执行学习活动的选择能力；⑤与其他人（教师或同学）进行协商的能力；⑥对学习活动实施情况的监控能力；⑦对学习态度、动机等因素的调整能力；⑧对学习结果的评估能力。

第四，学习风格。学习风格是指在长期学习过程中逐渐形成的具有鲜明个性的、经常的、稳定的行为，其实质是学生喜欢的或经常使用的学习策略、学习方式或倾向。人们的学习过程及学习方法往往存在很大差异，每个人都有自己习惯的学习方式。学生对于外部世界信息的感知主要通过视觉、听觉和动觉三种感官来实现。首先，视觉型的学生习惯用眼睛学习，其对于视觉感知的信息比较敏感，对于以图片等形式展现的东西具有很好的理解能力。其次，听觉型的学生喜欢用耳朵学习，通过"听"来接收信息，他们喜欢通过听录音带、听报告、听对话等方式获取信息。课堂上，听觉型学生能轻松地听懂教师的口头讲授。最后，动觉型的学生喜欢通过实践和直接经验来学习。他们喜欢参与和亲身体验活动,对于那些通过亲身体验来学习的活动具有较大的兴趣。

对教师而言,了解学生的学习风格有助于他们了解学生、激励学生、帮助学生。对学生而言,了解自己的学习风格有助于他们将注意力集中到学习过程中,使他们注意吸取他人的经验,借鉴他人好的学习方法,不断拓宽、改进原有的学习方法,进而不断激发自己的潜能,提高学习质量。

第五,学习策略。学习策略的有效运用是自主学习的有效保证。现代认知心理学一般将学习策略分为认知策略和元认知策略。首先,认知策略是指个体对外部信息加工的方法,是个体为了提高自己的认知操作水平而采用的各种程序和方法。认知策略分为一般性认知策略和具体性认知策略。前者适合任何学科的学习,后者适合特定的学习内容。这两种认知策略都是学生自主学习时必须具备的。其次,元认知策略关系到个体如何选择、应用和监控其所建构的认知策略,主要包括自我指导策略、自我监控策略、自我评价策略等。

2. 外在影响因素

(1)教师

作为课堂活动的重要组织者,教师在教学中对学生的学习起着不可忽视的作用。学生的学习过程会受到教师教学方法、教学理念的影响,教师在教学过程中对学生在学习方法、学习策略方面的支持和指导越多,学生从教师的教学中得到的启发就越多。想要提高学生的自主学习能力,教师自己首先要有自主意识,只有教师在教学中向学生渗透自主学习的理念,学生才能逐步实现学习的独立性和自主性。

自主学习并不代表教学中给予学生绝对的自由,教师对于课堂的监督和维持作用是一直存在的,教师仍需要对整个学习过程进行监控,使自主学习有效地进行。此外,教师可以通过策略训练来促进学生自主学习。教师通过问卷调查等方式对学生的学习情况进行全面了解,根据具体情况制订相应的学习目标和计划。学生选择适合自己的学习方法。教师在教学过程中加强对学生学习的监控和监督,使自主学习顺利进行。

(2)同伴

虽然自主学习主张学生独立思考、独立完成学习,但并不意味着学习是完全独立的。同伴之间的协商、合作对于自主学习也十分必要,能有效促进学生自主学习。同伴对学生自主学习的影响主要体现在以下方面。

第一,同伴的自主学习对学生有榜样示范的作用。学生在学习过程中会不断地与同伴的知识水平进行对比,同伴能为学生的学习带来动力。

第二,学生对自身自主学习能力的评估受到同伴的自主学习行为和学习成绩的影响。学生对自己自主学习能力的评估经常以同伴的能力和成就为参照,因此,同伴的能力水平对学生自主学习能力具有一定影响。

（3）学习环境

自主学习的进行不可能脱离一定的学习环境，因此不可避免地会受到学习环境的影响。良好的学习环境和丰富的辅助资源是自主学习能否获得成功的一个重要条件。

（4）社会环境

社会环境包括文化环境和人际关系两个因素。

第一，文化环境。文化环境因素始终存在于外语学习的背后。文化环境对语言学生的行为、学习价值观、思维习惯及态度有着重大的影响，直接影响自主学习效果。

现代外语教学模式从以教师为中心转移到以学生为中心，学生要适应这种转变，对自己的学习负责任，有意识地提高自主学习的能力，变被动学习为主动学习。同时，教师要积极创造一种新的外语学习文化氛围。教师要有意识地培养学生的团队精神，使学生认识到，在一个团体里，每一个成员都要发挥其本身的价值，整体的力量大于个体，相互促进、相互配合、相互竞争、相互信任，以改善学习气氛、提高学习效率。

第二，人际关系。英语课堂中的人际关系主要包括师生关系、同学关系。良好的师生关系、同学关系可以降低学生在学习中的焦虑感、紧张情绪；良好的师生关系、同学关系可以营造良好的自主学习环境。当师生之间、生生之间形成了融洽、和谐的关系时，学生在学习中具有情绪的安全感，其自主学习的意识就会逐渐增强。

教师在教学中要努力创造轻松、和谐的课堂氛围，建立友好的师生和同学关系，使学生乐于参与课堂活动，积极参与合作学习，最终获得自主学习能力。

（三）自主学习的价值

第一，有利于学生之间弥补差距。学生对新知识的掌握速度不同，在学习方面的擅长点也不同。借助自主学习，学生能够很好地弥补学生间、个人间的距离。自主性强的学生能够通过有效的学习方法，并且通过自我调节来提升学习成绩。

第二，有利于增强学生个体的学习意志。学习意志指人的主观能动性在学习上的突出表现形式，学习意志对学生个体的学习具有调节、保障作用。在高校学生中开展自主学习，能使其产生内在的求知欲和驱动力，并支配学生个体进行持之以恒的学习，学生在自主学习的过程中，能不断地尝试着运用各种策略逐个解决学习的困难、提升学习体验和能力，其学习的意志也会日益强化。

第三，有利于外语教学目标的实现。对现代教育目标进行分析，不难发现，其在逐渐倾向于人的全面能力的培养。未来的社会是一个继续学习的社会，一个要求人们必须终身受教育、不断自我发展与提高才能适应生存的社会。所以，当代的高校也必须肩负起培养学生自主学习能力的责任，使学生通过自主学习能够对人际关系进行妥善的处理，并注重培养学生的团队合作精神。

第四，有利于建立终身教育体系。迅速发展的科学技术及不断提高的职业要求使人们逐渐认识到在学校学到的东西已经无法适应时代的变化，只有不断进行自主学习，完善自身，才能更好地实现人生价值。因此，自主学习是个人终身教育的需要。终身教育体系不仅打破了将人生分为学习和工作两个阶段的传统观念，还打破了传统学校教育体系的封闭性和终极性，使教育成为人们终身的活动，成为工作、生活甚至生命的重要组成部分。学生具有终身学习的意识和自主学习的能力，将能更好地应对不断变化发展的时代。

二、高校英语自主学习的应用

（一）教师角色的转变

要想培养学生的自主学习能力，教师首先要转变原有的观念，将学生视为学习活动的主体，积极引导学生进行自主学习（见表2）。

表2　传统教学和自主学习中教师的角色

传统教学中教师的角色	自主学习中教师的角色
要求全体学生服从教师的教学计划	介入不同学生的自我学习计划
面对全体学生，预设整体教学目的	帮助学生设置能够达到的个人标准
学习成绩等同于知识的掌握	知识的掌握应通过能力体现
学习的主要方式是知识的记忆	学习是一个知识重构的过程
作为课堂教学的主宰，教就是为了控制学生	作为现代管理者，在教学中给予学生必要的自由
时刻提醒学生遵守课堂纪律	引导学生自主控制自己的行为
讲授是课堂教学活动的主要形式	演示、启发与讲授并举
给予全体学生同类同量的作业	根据学生知识内化的需要布置作业
多数测验、考试使用封闭型试题	测验、考试中设置多项开放型试题
把学生的测验、考试成绩看作学习的最终目的及衡量学习好坏的标准	用发展的眼光看待每个学生的测验和考试成绩

教师首先要将学生视为学习的主体，尊重学生的个体差异性，尊重学生的人格，鼓励学生多角度地思考问题，营造一种和谐平等的课堂气氛，使学生主动投入英语知识学习和英语交际中去。

（二）教学目标的明确

在信息化时代下，要想学生有效进行自主学习，而不沉迷于网络，需要明确教学目标，使学生了解学习的目的，端正学生学习的态度，树立学生终身学习的理念。在传统的英语教学中，教学目标一般由教师或学校来制订，学生基本不参与，没有太多的自主性，学生对教学目标的了解知之甚少，往往教师在课堂上教授什么知识，学生就学习什么知识。在这样的教学模式下，学生的自主学习意识往往较为薄弱。在信息时代下，教师应让学生在开始自主学习之前明确自己的学习目标。具体而言，教师应做到以下两方面：

第一，让学生参与学习目标的制订。学生参与教学目标的制订不但可以提高教学目标制订的合理性，还会增强学生的自主意识和责任感，使学生感到自己在教学过程中的重要作用，也有助于学生根据教学目标的变化，随时调节自己的学习方法和策略，提高自主学习能力。

第二，让学生了解每个单元、每节课的具体目标，使学生的学习更具有针对性和指向性。

（三）学习资源的优化

丰富而多样化的学习资源对学生的自主学习十分有利。具体而言，学校应优化学习资源，配备现代化的多媒体网络平台或建立自主语言学习中心，组织自主性的学习活动，全面开放实验室、图书馆、自习室、实践基地等，尽量满足学生的需求，为学生提供个性化服务，从而使学生在开放氛围中与其他学生和教师沟通交流，激发学生的学习兴趣，提高学生的自主学习效果。

（四）学习氛围的营造

在信息化时代下，科技的发展使得网络、多媒体等现代技术在英语教学中得到普遍应用，这些都为学生进行自主学习提供了便利的条件。教师可以充分利用网络、多媒体为学生营造良好的自主学习氛围，激发学生的求知欲望，增强教学效果。具体而言，教师可以根据网络、多媒体的多种功能为学生提供各种获取英语信息和练习实践的机会，为学生提供全方位的学习途径，以满足不同学生的不同学习需求。教师还可以向学生介绍一些优秀的学习网站，帮助学生提高自主学习能力。

（五）学习兴趣的激发

兴趣是学习的内在推动力，设计能够激发学生兴趣的学习活动，对于培养学生的自主学习能力十分有利。在传统的英语教学中，学生是被动的接受者，学生的兴趣常常被忽视。在自主学习中，学生是学习活动的主体，是知识的主动构造者，学生的学习兴趣受到重视。为更好地激发学生自主学习的兴趣，教师需要做到以下三方面：

第一，进行需求分析。教师先要对学生进行需求分析，然后根据不同学生的需求帮助他们确定学习目标并制订学习计划，为更好地适应学生的学习计划，教师还应该根据需要对自己的教学进行调整和改进。

第二，尊重学生的个性差异。由于学生的个体差异性使得他们在学习水平、学习风格、学习方法等方面存在差异，教师要承认并尊重学生的这些差异，让学生自主选择学习内容，培养学生的自主学习能力。

第三，仔细观察学生的反应。在自主学习过程中，教师要仔细观察学生学习目标的建立情况、自主学习的适应性及其在语言方面的进展情况等，了解学生一系列的反应，并根据学生的反映情况及时调整教学计划或提供帮助，及时解决问题。

（六）学习技能的训练

学生进行自主学习是需要一定的技能的，所以教师在英语教学过程中要注意对学生自主学习技能的训练，要多与学生沟通，了解学生的需求，根据学生各自的特点为学生制订切实可行的学习目标，帮助学生掌握自主学习的技能。在学生的自主学习过程中，教师的主要职责是指导和训练学生对学习策略的掌握和运用。

（七）评价体系的建立

对学生的自主学习进行评价，学生会发现自己学习中的一些问题，从而对自己的学习进行调整。在信息化时代下，自主学习的评价应该多元化。评价方法要做到多元化，评价时可利用档案袋、网络平台教师或同伴交流等方法。此外，教学类型要做到多元化，自主学习的评价可采用自我评价、同伴评价及外部评价。

第三节　高校英语的智慧学习方法

随着互联网、大数据、云计算、人工智能等技术在教育领域的广泛应用，基于大数据的智慧学习成为世界各国教育关注的热点。"国内的智慧学习研究强调信息技术与教学的深度融合，重视智慧学习生态环境的构建，尽可能地满足学生个性化的学习需求"[①]。

智慧学习的目的是培养学生的智慧能力与创新能力，因此发展学生的智能是智慧学习的重要内容。学生的智能是多元的，包括语言智能、逻辑智能、空间智能、肢体运作智能、

---

① 徐坤银. 大学英语口语智慧学习范式构建研究——以 FiF 口语训练平台为例 [J]. 科技视界，2020（35）：93-95.

音乐智能、人际智能、内省智能、自然探索智能和存在者智能等等。但是，学生智能的发展并不是完全同步的，每个学生都是以自己独特的方式发展自己的智能，差异化和多元化是学生智能发展的重要特征，因此最好的教学方法就是尊重学生智能发展的规律，因材施教，促进学生个性化的发展，只有这样才能充分挖掘学生的学习潜能，调动学生的学习积极，促进学生智慧学习能力的发展。

建构主义学习理论认为，学习是学生在特定的环境中通过情境、协商与会话构建知识的意义，学生在学习过程中的主动性、建构性、探究性和创造性起着十分重要的作用。根据建构主义学习理论，智慧学习环境是一种理想的学习环境，在这一环境下，学生可以开展个性化的学习、合作学习、入境学习和创新学习，这种多元化的学习方式可以加速学生知识意义的建构。与此同时，学生在学习过程中产生的大数据真实地记录了学生的学习过程，对这些数据进行挖掘与分析，有利于教师更好地了解学生的学习过程，从而在教学中精准施策，不断优化学生建构知识意义的过程。

一、高校英语的智慧学习基本原则

第一，科学性原则。科学性原则是指智慧学习体系的覆盖是否全面，用于教学的数据来源是否真实可靠，学习的结果是否能够真实地反映学生的学习特点及学生智慧学习能力发展的规律。因此，智慧学习体系的构建要经过反复的论证和检验。同时，要合理地选择教学方法，提高教学的效果。

第二，导向性原则。导向性原则是指智慧学习的结果对教学、学习和教学管理具有积极的反拨作用。这种反拨作用主要体现在3个方面：①有利于教师了解学生的学习过程，帮助教师优化教学策略和教学过程，提高教学效率。②有利于学生了解自己的学习过程，帮助学生调整学习计划和学习策略，提高学习效率。③有利于教学管理人员了解教学过程，帮助教学管理人员做好教师和教学资源的调配，提高教学管理工作的效率。

第三，可操作性原则。可操作性原则是指智慧学习的各个环节要能付诸实践，并且能够获得真实有效的教学结果。教学结果的呈现方式要做到直观和可视化，教师、学生和教学管理人员可以方便快捷地获取学习结果。

二、高校英语智慧学习的方法应用

（一）内部教学与外部教学相结合

不同的研究领域对内部教学与外部教学的定义不尽相同。从智慧学习教学的角度，内部评价是指学生的自我教学及学生之间的相互教学，外部教学是指教师及教学管理人员参与的教学。内部教学的目的是对学习过程进行反思和学习方法的改进，增强学生的自我效能感。教师和教学管理人员的教学一方面是帮助学生改进学习方法，提高学习效率；另一方面是强化对学习过程的监督与管理，帮助学生形成良好的学习习惯。所以，内部教学和外部评价具有各自不同的侧重点。内部教学的重点是学生自己对学习态度方法的自省，或者以一种旁观者清的视角对学习伙伴的学习态度和学习方法进行教学。外部教学更加侧重学习方法、学习过程、学习结果等方面的教学。教学主体多元化的意义在于从不同的视角对学生的学习进行教学，全方位地了解学生的学习过程，使学习教学结果更加客观、真实、有效。

（二）形成性教学与终结性教学相结合

形成性教学关注的是学习过程，目的是了解学生的学习情况，及时发现问题，并提出相应的解决方案。形成性教学的主要内容包括：学生与教师之间的互动、学生与学生之间的互动、学生与教学资源之间的互动、学生与学习媒体之间的互动及学生与学习环境之间互动。终结性教学是对一个学段、一个学科教学质量的教学，其目的是对学生阶段性学习的质量做出结论性教学，教学的目的是给学生下结论或者分等级。终结性教学的主要方式包括高校英语期末考试、高校英语四六级考试等。其中，高校英语期末考试主要是对学生每个学期的学习结果进行评价，高校英语四六级考试主要是对学生的英语综合应用能力进行等级评定。形成性教学与终结性教学的有机相结合，一方面，教师可以通过学习过程所产生的大数据对学生的学习结果进行溯源分析，并在此基础上对教学做出合理的预判和策略调整。另一方面，可以唤起学生对学习过程的重视，并且通过各种优化措施来提高学习的质量和效益。

（三）工具性与人文性相结合

工具性与人文性是高校英语课程的重要属性，也是高校英语智慧学习教学的重要内容，因为智慧学习的本质是学生的个体发展、全面发展、全体发展。工具性强调的是对学生语言技能的教学，教学内容主要是学生听、说、读、写、译五种基本语言技能。人文性强调的是对学生人文素养的教学。所谓人文性，是指一个人应具备的基本品质和基本态度。人文性表现为一个人的情感、态度和价值，因此情感、态度和价值就构成了学生人文素养教学的核心。在高校英语智慧学习教学中，将工具性与人文性结合，不仅丰富高校英语智慧学习教学的内容，还可以有效解决高校英语教学为谁培养人、培养什么人的问题。

随着教育信息化的不断推进，智慧学习已成为高校生的主流学习方式。一方面，教师要不断更新教学观念,积极探索智慧教学的理论与方法,指导学生开展智慧学习。另一方面,教师要不断提升自身的信息素养,熟练掌握各种智慧教学工具。同时,教学管理人员要深入教学一线,身体力行地参与智慧教学实践活动。只有这样,才能推进信息技术与外语教学的深度融合,促进学生智慧能力与创新能力的发展,为国家培养合格的建设者和接班人

第四节 高校英语的反思性学习方法

一、高校英语反思性学习的认知

"反思"这一概念起源于拉丁文的"reflexio",它是从英文"reflection"意译过来的,意思是"返回"。经验按照来源可以分为两种,即反思和感觉。其中,反思属于内部经验,而感觉属于外部经验。反思是将自己的活动作为对象而对其进行返现自照,是人们内心的心理活动、思维活动,如思维、怀疑、爱憎等都属于反思的范畴。反思是用片面、抽象、割裂的手段来进行思维,是后思的一部分。反思是根据支持它的基础,与它趋于达到的进一步结论,对假定的知识形式、任何的信念进行坚定的、积极的、仔细地考虑。换言之,反思就是实践者对于支持其行动的任何假定及信念的一种谨慎的思考。所以,反思应该包含两个层面:①从教师角度而言,反思是教师在英语教学实践中,以自身表现及自身行为作为依据进行修正和解析,进而不断提高自身素质和教学水平的过程;②从学生角度而言,反思是以自己的学习活动作为思考对象,对自己所作出的决策、行为及其结果进行分析和审视,是一种通过自身觉醒来促进自身能力发展的方式。

综合"反思"的含义,可知反思性学习是指学习主体(学生)借助自身发展的逻辑推理技能及推敲判断的能力,对其自身进行解剖的过程。反思性学习的过程是元认知的过程,是对学习进行再学习的过程,同时是一个自我监控、调节、建构的过程。

在反思性学习中,学生对学习内容进行有目的、有计划的自我规划和监控,并选择恰当的学习策略,从而获取较高的学习成果。学生对该学习过程及其成果进行自我反思和评价,检验其过程与结果是否达到了完善的层面。如果达到了学生的预期目标,则表示学习结果是比较圆满的,因此学生可以进行经验总结、方法提炼、探索优化,积极地获取该学习体验,为下一层次的学习做准备;如果未达到学生的预期目标,学生就需要对自己的学习成果进行调节和补救,以期在合适的时间重新开始新一轮的学习。

由此可见,反思性学习是一种循环的学习方式,在每一个相对应的周期内,个体之间

具有内在的连贯性,并且对下一层次的更高的学习方式起着重要的指向作用。在这一循环过程中,反思贯穿于全过程。

(一)反思性学习的特性

第一,探究性。反思性学习中的反思并不仅是对过去或以往知识的回顾或回忆,而是要找到以往学习中遇到的问题,并寻求这些问题的答案。反思性学习的精华就在于:①提出问题;②对问题进行研究探讨;③找到问题的解决办法。因此,反思性学习方式首先具有探究性的特点。

第二,创造性。反思性学习是一个积极的思维活动,通过反思,学生可以不断拓宽自己的思路,使自己的思维过程得以完善。反思是探索、发现及再创造的过程。学生在反思的过程中举一反三,从而提高自身的英语素质。

第三,自主性。在反思性学习过程中,学生是处于自主的状态,通过学生自我认识与分析、自我评价等来获得自我体验。它以学生的学习动机为基础,实现学生自身的愿意学以及坚持学。可见,反思性学习具有明显的自主性。

第四,发展性。运用反思性学习方式的目的是让学生学会学习。主要关注两个结果:直接结果与间接结果。反思性学习不仅要让学生完成英语学习的任务,还要求学生能够促进其自身理性思维的发展。这就体现了反思性学习的发展性特点。

(二)反思性学习的过程

英语学习的过程一般可以分为预习、学习和复习三个阶段。据此,可以将高校英语反思性学习的过程分为三个阶段:学前反思、学中反思和学后反思。在各阶段中,反思的内容各有侧重。

1. 学前反思阶段

学前反思是对学习目标和与学习目标相关的内容加以反思,了解学习目的,同时制订合适的学习计划。例如,在预习词汇时,学生除要对词汇进行读解和识记之外,还应查找其近义词、反义词及相关词组,学会举一反三、融会贯通。

在反思的过程中,学生可以边阅读、边思考、边书写,标记内容的要点、层次、联系,写上自己的看法。在预习过程中,学生尤其要对异域文化现象进行反思。语言与文化密切相关,英语教学不仅是语言教学,更是文化教学。通过进行学前反思,学生在课堂学习中可以做到有的放矢。

2. 学中反思阶段

学中反思，就是学生对学前反思的内容与教师课堂教学的内容和方法进行加以反思。具体而言，学生的学中反思通常包括以下情况。

（1）自己对教师教学目的与要求的了解情况。

（2）把教师的教学目的转化成学生自己的学习目的的情况。

（3）把教师的教学目的转化成学生自己学习目的，并以此为基础努力学习的重要性的情况。

（4）教师在课堂上采取某项教学活动提高学生语言能力意图的情况。

（5）课堂上是否能跟上教师教学进度的情况。

（6）自己预习时解决的问题与教师的讲解印证的情况。

（7）自己预习时未解决的问题在课中教师讲解的情况等。

3. 学后反思阶段

学后反思，即学生在课后对自己的学习效果进行反思、评价和监控。具体而言，学后反思主要包括以下方面。

（1）对学习策略的了解情况。

（2）是否有意识使用有效听力策略、交际策略、阅读策略，和写作策略以及对这几种策略的监控情况。

（3）在课外学习英语、运用英语的情况。

（4）对不利于英语学习的情感因素进行克服的情况。

（5）利用已有学习资源的情况。

（6）将新学的知识运用于语言实践的情况。

（7）与他人合作学习的情况。

（8）在英语学习中能否意识到自身错误的情况。

（9）在意识到错误的同时能否找到原因，并对错误进行相应更正的情况。

（10）能否选择行之有效的学习途径使自己成为一个更好的语言学生的情况。

（11）在完成某项语言任务过程中能否同步检测自己预先制订计划完成的情况。

（12）在完成某项语言任务过程中能否检查并更新自己对前面知识理解的情况等。

二、高校英语反思性学习的实施方法

（一）自我规划、监控

在反思性学习中，学生首先要对自己的英语学习进行规划，即通过审视自己的学习目的、内容、方式及其环境来制订适合自己的学习计划，并且保证该计划符合自己的学习方式。

在学习的开始，学生就要对自己的学习进行严格的监控和调节，并对自己的学习计划进行反思，建立一个良好的开端。当然，计划与真实的学习行为之间存在一定差距，只有进行了预先的计划，学生才能有明确的方向，但是能否将计划付诸行动就需要使用切实可行的学习方式，更需要强有力的监督机制。

（二）自我省思、评价

在一段时间的学习后，学生必然会收获一定的学习成果，从传统意义上而言，该学习过程已经结束，但是对于反思性学习而言，才进入第二个阶段。这是因为在反思性学习过程中，学生关注的不仅是学习结果，还包含学习过程。通过对学习结果与过程进行反思，学生可以诊断出问题所在，具体包含以下步骤：

第一，学生具有问题意识，就会在内心产生一种困惑、怀疑的感受，并有决心试图对其进行改变。

第二，当学生意识到问题之后，就会主动进行反思，并找出问题的原因。

第三，学生广泛搜集关于自己活动的信息，并分析与之相关的经验，用批判的眼光来加以审视。通过分析，学生自己发现这些问题的原因，并及时进行记录。

第四，找出问题的原因之后，学生要寻求解决的方法，发现更有效的学习策略。

第五，学生对这些经验和教训进行总结，寻求补救的措施。

（三）自我调节、补救

当学生通过自我反思和评价发现自己学习过程和结果仍存在明显的不完善之处后，就需要对这些不完善的地方进行调整。根据反思所得到的问题原因资料、分析的资料及提出的补救措施，重新调整自己的学习计划，并制订更具有针对性的学习方法和策略。当对这些问题进行改进后，才能进入下一环节的学习。

（四）自我建构、发展

自我建构是指个体主义文化中的人们，倾向于将自我看作是与他人相分离的独立实体而集体主义文化中的人们，倾向于将自我看作是周围社会关系中的一部分的个体，从自我和他人关系的角度来理解自我的认知结构的理论。在自我建构的过程中，学生体验到了成功的喜悦，不断总结经验、深化拓展，构建新的知识结构，有利于促进其自身的发展。

第六章 高校英语学习方法的应用探究

第一节 移动互联网时代下的英语学习方法

"随着移动互联网时代的到来,信息技术与现代教学不断融合,在改变教师教学的同时,也改变着学生的学习方式。"[①]与高中不同,高校英语的学习有着不同的目标,学习的内容和范围也有所不同,这无一不要求学生突破课堂的学习,在课下根据自己的目标进行额外的练习。高校英语的学习自主性强,重视在日常中学习,契合移动互联网时代的特点。

一、巧用手机软件

单词是英语学习的基础,也是记忆量最为庞大的一个部分。但在以往的学习中,学生大多用单词本进行背诵,多靠死记硬背,也缺乏必要的学习时间管理,单词的学习效率低下,让英语的学习难以继续。而利用手机软件,不仅能让英语单词的记忆更加科学有效,还能辅助学生进行时间管理,增强学生自制力。

例如,用"百词斩"软件辅助英语单词的记忆,可以设立每天的目标,将四级词汇划分为70天一轮,即每天记忆50个单词,则第一天记忆的单词为diamond、census、pulse...spoil、stale。单词的排列方法为乱序,相比传统的单词本有着记忆效果好且不易混淆的特点,且其单词的学习方式为一遍图片加单词选择翻译、一遍单词选择翻译、一遍图片选择翻译,在学习一定数量的单词后还会有考核过程,将我们选择错误的单词记录下来,以艾宾浩斯记忆曲线为规律进行下一次的重点考查。这样通过英语学习软件,我们能减轻规划单词记忆计划的难度,提升英语单词记忆的效率。

二、英语原著阅读

无论是考研还是四六级考试,阅读部分都占有极大的分值,且阅读是写作的基础,故在高校的英语学习过程中,阅读能力的锻炼占有重要的地位。在以往的学习中,学生多以课本为主要阅读素材,而移动互联网的普及让我们接触到更多的英语材料。以期刊和名著

---

① 黄天恺. 移动互联网时代大学英语学习方法探讨[J]. 校园英语,2019(48):42.

进行阅读能力的练习，不仅能锻炼自身的阅读能力并促进单词的积累，还能培养自身对英语文化和其他科学知识的了解，增加英语学习的乐趣。

英语原著的阅读有着多种多样的方法，笔者选择采用精读的方法，在阅读的过程中更加注重生词的查阅，而对于语法的转化，则是翻译无致命错误能顺利读懂意思即可。

三、鉴赏经典电影

听说能力是英语实践能力的基础，英语听力也在高校四六级考试中占有重要的地位。在以往的英语训练中，学生多用教材自带的听力材料练习，内容枯燥单一且必须用能运行光盘的设备播放，操作不方便。在移动数据时代，应用经典英语电影进行听力的学习，语音与相应的画面结合，不仅能让英语的听力学习更加有趣，还能创建英语学习的情境，让英语在实际生活中的用法更加清楚地展现在我们面前。

例如，可以就电影《阿甘正传》锻炼听力，可以对其进行多遍观看，第一遍看带有中文字幕的电影，了解阿甘正传的大致情节；第二遍看不带中文字幕的阿甘正传，以看画面为主，不明白的时候暂停看英文字幕；第三遍看不带英文字幕的电影，单纯通过电影的画面和声音了解电影所要表达的意思。而在此过程中，可以将电影中的经典台词记录下来，在日常的生活中跟着阿甘的语气朗读，锻炼自身的口语能力。

综上所述，现代信息技术在新时代高校英语的学习中有着重大的作用。在高校英语的学习中，应用英语学习 App、电子书、英文电影等功能和手段，我们能不断提高自己的单词、阅读、听力等能力。

第二节 依据叙事法学习高校英语词汇的实践

大学英语学习与高中英语不同。在高中传统的系统化教育模式中，教师进行主动引导，学生大多被动学习。大学阶段，学生学习从"跟着教师走"转变为"以学生为主体"。英语学习的基础是词汇的学习、积累和运用。"叙事"的字面意思就是讲述故事。近年来，"叙事"发展为一种理论，关注某一叙事文本中事件、背景、人物和视角的相互连通。当叙事理论与学习关联，就产生了叙事学习法。叙事学习，强调以故事为载体，从中理解和重构经验意义，促进个人和社会发展。

叙事学习，除被应用于语言文学，还被应用于医学、护理学、社会学等相关领域的教与学，并取得了良好的效果。在高校英语教学中，叙事教学法要求教师要结合认知科学和文学理论，以叙事的形式设计教学内容，从而使学生全身心地投入学习情境之中，充分发挥语言、情感、想象、创造等心智能力习得语。词汇学习是英语学习的基础，良好的词汇知识为英语综合运用能力的培养奠定了坚实的基础。教师可以将"以学生为主体"的英语词汇学习和叙事法结合起来。

一、叙事法应用于高校英语词汇学习

（一）孤立单词故事演绎法学习

一般而言，学生按照生词表来记忆单词，也就是照着生词表，一个一个地记忆。单词是孤立的，学习效率也不高。在结合叙事法后，学生可以把单词学习置于"故事"背景下，这有助于学生进一步理解、记忆。学生可以先借助词典等查阅生词的中文意思、词性、一般用法等，对生词进行基本认识，再将多个生词进行组合，发挥想象，编撰一个故事或多个故事进行演绎，然后再转换叙事视角，将故事进行复述。

例如，目标生词：survey, upset, ignore, calm, vet。学生可以先进行第一层情境创设，将上述孤立的单词串成一个句子：The upset vet has got to ignore the survey to keep calm.

由此便产生了"故事情节"：一位兽医，有调查任务需要完成，但是自己又心烦意乱，不得不忽视这些调查来保持内心的平静。在这个特定的"情节"语境下，学生对这些单词的书写、含义都能够进行进一步的学习、领会和巩固。学生可以将自己代入"兽医"的角色，进行人称转换，从第一人称的视角重新叙述故事：I am a vet and very upset now. Because I have got to do some surveys which are ignored by me in order to keep calm.

变化人称的再次演绎将单词学习更加推进了一步，有助于学生理解单词的功能，学会在句子中正确使用单词。在自我创造的情境中，学生运用叙事法将几个独立的单词串联起来。这种学习法一方面有助于学生巩固学习成果，锻炼英语表达和思维，另一方面也有助于其达到长效记忆，调动学习兴趣。

（二）复杂生词叙事演绎法学习

针对一些记忆难度大或者容易混淆的复杂生词，学生如果只是简单地将多个复杂生词组合，不仅不能构成清晰的记忆，反而会增加识记难度，影响学习效率。学生如果将生词放在一个特殊、具体的语境里，分析生词在句子中所充当的成分，就能更容易推断出生词的含义、词性。

例如，"nominate"生词出现的原文句子：Through the persistence she was eventually nominated and then appointed the first woman Supreme Court Justice of the United States of

America.

在上述的原文中，"nominated"和"appointed"都用作动词过去分词形式。结合语境分析可知，该句的大意为：通过执着的坚持，她终于被……并被任命为美国第一位女性最高法院大法官。学生据此可以推测，"nominate"是"提名"的意思。学生在对生词有了基本的认识以后，可以尝试将该生词放置到具体语境当中，如情境创设：Our monitor has strong working ability and sense of responsibility, and has been nominated as one of the top ten students. 可见，基于叙事原理，学生通过将原文语境揣摩与再次情景创设相结合，可以进一步深入理解难点单词、深化记忆。

（三）多义词叙事演绎法学习

在学习英语时，学生常会被一些多义词困扰。有些多义词原本就被赋予了多种含义，而有些则是"新生事物"。随着社会发展，人们想要用语言反映日趋变化的客观世界，就不可避免地要用旧词来表达新事物，这样一来新旧词义并存，增加识记难度。多义词的应用范围较为广泛，出现频率也很高，成了词汇学习的一块"硬骨头"。

多义词具有多个含义，但这些含义往往互相关联，一般是基本意义的转义、引申义、派生义或衍生义。基于叙事学习法，学生可以将不同的词义进行串联、造句、扩写，通过语境搭配辨认词义的方法来理解多义词，举例包括以下方面：

例1：check，n. 账单，v. 检查

Let me check this check. 让我检查一下这份账单。

novel，n. 小说，adj. 新颖的

This is a novel novel. 这是一部新颖的小说。

patient，n. 病人，adj. 耐心的

You have to be patient with patients. 你对待病人要有耐心。

drop，n. 滴，v. 掉落

A drop of water drops down. 一滴水滴下来了。

一些多义词看似复杂难记，也可以通过串联的方法识记，举例包括以下方面：

例2：目标生词figure情境创设有七方面：The figure（n. 雕像）、is a solid figure（n. 图形）、with a graceful figure（n. 人物）、onit, andit's figure（n. 价格）、ishigh, .but the figure（n. 数据统计图表）、shows that the figure（n. 数量）、of people want to buy it is alot.

例 1~2 说明学生利用好这些词意之间微妙的关联，进行叙事描述，能促进对生词的理解，不断深化记忆。

（四）合成词叙事演绎法学习

在词汇学习中，大家一定注意到有一种特殊的"合成词"。汉语中也有许多合成词，如"鲜"字由"鱼""羊"两字组合而成，英语词汇中的合成词与此类似，由两个或两个以上拥有独立含义的词合成得到的新词的含义，一般就是其构成成分含义的叠加与融合。对于这类合成词的学习，学生要基于叙事学习法：仔细观察生词的词形特征，厘清字词与合成词的内在逻辑联系，"说文解字"，开展"以形讲义"。

网络平台上有许多学习博主通过收集或自行编写，定期上传分享引人入胜的"记单词小技巧"，教网友如何进行构词分析、合成记忆，得到了广泛青睐，收获了大量粉丝。他们用讲故事的方式传递积累下来的经验。

例 1：①我们这几个普通人（com-mon），经常来这个地方（place），聊些平凡的老生常谈（commonplace）；②我在我的车上（car），养宠物（pet），所以放了一块地毯（carpet）；③人群的上方（up），传来了阵阵咆哮声（roar），引起了骚乱（uproar）。有的合成词并不是由两个或两个以上完整的单词成分构成，而是由词根、词缀构成。词根为单词的基础与核心，词缀用于限制、改变或加强原词根的含义，根据在词中所处位置可分为前、中、后缀等。

针对这类合成词的学习，叙事学习法同样适用，举例包括以下方面：

例 2：①词根：vis 看。后缀：ual 形容词后缀，visual, adj. 视觉的。②词根：tele 远，vis 看。后缀：-ion 名词后缀，television, n. 电视。

学生从叙事的角度，拆分词根，摆脱词本位意义的限制，加以中文情景解释，以旧带新，可以生动形象地展示单词的构成与词意，对单词进行具象化的理解，更有利于记忆。学生通过分析归纳同根词还可以举一反三、触类旁通，提高识记生词的效率。

二、叙事法应用于高校英语词汇学习日记

记日记，也是一种叙事学习方法。将单词学习，以"日记"的方式记录下来，是叙事学习的技巧之一。学生一边学习单词，一边记录学习过程，这种记录的实质是自我总结，学生通过自己与自己的对话，推动英语单词的学习。英语词汇学习日记的内容包括每日的生词积累、复杂词汇的重复、记忆和应用小技巧的记述、学习困难克服过程的分析及学习成效的测评等。英语词汇学习日记的形式可以是纸质的文字描述，也可以是电子文档；可

以是表格,也可以是思维导图,还可以是漫画、涂鸦,甚至还可以是语音。英语词汇学习日记的记录频次,因人因时因事而异,但是学生要保证有定期的分析、总结,不仅关注单词的学习和积累,还关注投入时间、精力与产出,同时也进行学习方法的总结和提升。

三、叙事法应用于高校英语词汇"组队"学习

单词的学习和记忆是相对枯燥的,基于叙事学习法的"组队"方式,有助于提高学习效率。"组队"即两人或多人为了一个共同的目标而开展学习活动。"日记"是自己和自己的交流,"组队"则是学生和其他同学之间的交流。学生与其他同学的交流包括学习内容的探讨、学习技巧的分享、学习心得的交流、相关 App 的使用、工具书的查阅、重要学习节点的侧重学习、跨文化相关领域的涉猎及角色扮演等。同时,学生和其他同学之间还能互相帮助、互相监督、共同进步。双方或多方可以组成讲、听、评的不同组合,甚至还能把一定的学习用具、学习软件纳入"组队"。学生在队内通过讲解、分享、重复、讨论、反馈等口头、书面、线上、线下的叙事活动,把英语单词的学习贯穿起来。

总而言之,英语学习非常重要,英语词汇的积累更是学习的关键环节之一。从"以学生为主体"的学习角度,将叙事法引入英语单词学习,有利于英语词汇的积累和应用。实践表明,英语单词的具体学习、英语单词的积累过程、学习行为的管理等,都能有机地与叙事学习法结合起来,让学生以已有知识储备为基础进行高效、便捷的学习,掌握新的知识和技能,培养终身学习能力,不断提高英语水平。

第三节 高校英语学习效果记忆测评方法应用

"无论是从日常生活的经验看,或从学习心理的实验研究看,学习、记忆、遗忘三者间的密切关系是显而易见的。"[1]在此三者的密切关系中,记忆是学习的核心。学习与遗忘的产生都是隐而不显的内在心理历程,想了解学习的效果和遗忘的程度唯一的依据就是记忆。记忆是指在学习情境中刺激消失之后,在心理上仍保持下来代表原刺激的讯息。记忆与学习是一体之两面,记忆是学习的表征,只有根据其记忆才能了解其学习。

英语语言的学习除语感和表达能力以外,大多数知识内容都需要依靠记忆来完成。词汇的学习、语法要点的学习、句型句式的学习等都需要在理解的基础之上发挥记忆的潜能,通过记忆将信息输入,再通过口头表达、文章阅读和写作等形式输出。因此,记

---

[1] 贺翠玉. 大学英语学习效果记忆测评方法的设计及应用探讨 [J]. 海外英语, 2021 (16): 108.

忆在英语学习过程中有着举足轻重的作用。那些善于记忆、重视记忆训练的学生其英语成绩明显更好。

督促、鼓励学生积极发挥记忆的功能主要包括两个方面：一方面是为测量学习结果而设计的，即经过练习之后，学生能使用口语、文字或操作以表达其学得知识或行为时所使用的。在这个方面最常采用的有3种方法：①回忆法；②再认法；③再学习法。另一个方面是为测量学习历程而设计的，即在学习历程中，学生对学习材料尚未学到能用语言或操作表达的地步时使用的。英语教学的一般过程是教师在单词、语法、句型句式的讲解之后督促并要求学生记忆这些知识点，然后通过训练提高学生的综合运用能力，并最终输出正确的语言。

一、高校英语学习效果记忆测评的回忆法

回忆法是记忆测评时最常用的方法。在英语教学中的词汇测评和复述测评采用此法效果很好。高校英语教材中每个单元通常包括一篇精读文章和一篇泛读文章。精读文章不仅需要完全理解文章的主旨内容，还要了解文章的细节，而且要求学生掌握其中的重点词汇、表达方式和语法，做到会听、会读、会写、会释义，其中的重点词汇又往往属于四、六级词汇。因此，教师讲解完这些词汇后需要通过回忆法设计一个记忆测评单词表。设计这个单词表时需要注意序位效应，即位于单词表前端者较易记忆，因为开始学习时较少受到其他单词的干扰，称为初始效应。位于单词表后端者也比较容易记忆，因为较晚学习，仍在记忆之中，称为时近效应。教师提供的单词表应依据初始效应和时近效应原理将四、六级的高频词分别放置在表首及表尾的位置来提高学生记忆单词的效率。依照这样的测评方法进行的单词测试，使学生的词汇量有了显著的提高。除词汇以外，精读文章还需要学生总结每段的段意，泛读文章则只需要复述其主要内容，这两项测评可以是口头陈述，也可以留作书面作业，学生通过回忆法在头脑中再现文章内容、组织自己的语言、运用所学的新词汇概括成文，这个过程既训练学生对新词汇的运用能力，又进一步让学生加深对文章的理解。泛读文章的要点复述应安排在文章刚刚学完时进行，同时辅助关键词汇提示，使学生能够充分调动头脑中的记忆并自己组织语言重现文章的主要内容，效果很好。

二、高校英语学习效果记忆测评的再认法

再认法是记忆测评最常用的另一种方法。一切测评中的是非题或选择题都属于再认法。它的优点是省时简便，尤其适用于学习后时间甚久无法用回忆法测评时。再认法之所以可以测评到较高的记忆量，是因为从是非题或选择题的题干中为受试者提供了很多有用

的线索，受试者通过对线索的分析、归纳而判断出正确答案。

如果受试者对线索作出错误的分析或对旧知识记忆模糊，那么就会出现判断错误的情况，这也是是非题或选择题很难取得满分的原因。为提升学生的自信心、增强对正确信息的记忆，教师在设计此类是非题或选择题时可以多给出一些明确无误的线索，学生浏览题干的过程本身也是对已学过知识的复习和再记忆，通过降低难度提高学生的正确率，使学生得到满足感和成就感。再认法可用于词汇辩义、细节描述、补全文章等容易混淆、信息量过大内容的测评。单元测试和月末小测运用这种方法可以有效地帮助学生进行复习，重拾记忆。

三、高校英语学习效果记忆测评的再学习法

当记忆法或再认法都不便使用时，可以采用再学习法。再学习法顾名思义就是再次学习以前学过的知识内容后进行测评，非常适合词汇和背诵部分。根据德国心理学家艾宾浩斯提供的遗忘曲线我们知道，对学得资料的遗忘规律是"先快后慢"。在从"记"到"忆"这个过程中包含了识记、保持、再认和回忆。学习新的词汇、短语或句型属于识记，是短时记忆。艾宾浩斯的研究成果显示人的记忆周期分别为5分钟、30分钟、12小时、1天、2天、4天、7天和15天。按照这个周期复习可以将短时记忆有效地转化成长时记忆。高校英语的课堂教学时间有限，不可能完全按照记忆周期展开复习和测评，只能灵活穿插，包括课前进行"堂堂清"小测评，先给学生5分钟左右的时间复习当天所学的内容，然后测评；或在每次课开始的导入部分让学生先复习上次课的重点内容后进行测评。在知识学得后的一周和两周时再各安排一次测评。每次测评的内容不宜过多，时间不能过长，因为再学习法的重点是通过增加频率而达到增强记忆的目的。

四、高校英语学习效果记忆测评的反应时间法

反应时间法是指根据从刺激出现到作出反应所需时间来验证学习效果的一种记忆测评方法，即旨在了解当刺激出现后极短时间内引起反应的情形下所产生的学习。反应时间法多用于以分秒计算的视觉或听觉训练中。英语课堂中，则多体现在针对精读文章中的具体细节进行测评，如文章中涉及的时间、地点、人物、名称等，方式可以采用教师与学生进行即时问答、判断对错、时间或事件列表。而听力练习时更是时时体现反应时间法的运用。教师可以通过在对某一段音视频的反复播放后即时提问来检测学生瞬时记忆的内容。回忆法、再认法和再学习法是学习后对学生进行测评的方法，而反应时间法是学习过程中课堂上边讲边测的方法，更有利于提高学生课堂学习的关注度，提升学习效率，从而减少

学生出勤不学习的情况。

教师在教学过程中可以根据四种记忆测评方法的特点来选择适合的知识点，并在合适的时间穿插使用。上课开始的十分钟导入阶段可以运用回忆法或再学习法对上一次课的词汇进行测评，也可以降低难度使用再认法回忆文章要点。下课前的可以采用同样的方法及时复习当堂课程的内容。课程中间则可以采用反应时间法多让学生练习口语和听力。四种方法简单易行，教师可以自行把握时机和频率。

教师要对每次测评的成绩认真记录，及时反馈给学生，经过一段时间之后，学生慢慢地适应、接受，尤其是随着测评成绩的不断提高使学生获得满足感和成就感，使大多数学生摆脱了"学了跟没学一样"的习得无助感。同时，教师要向学生说明过程性学习成绩的重要性，让学生及时了解自己的学习效果，加强自律管理。在学期成绩的评定中可以降低甚至取消出勤率的配比，因为课堂教学过程中时时穿插的记忆测评成绩本身就会有出勤率的反映。出勤率越高，参加的记忆测评成绩就越多，分数自然越高，可以解决学生只出勤不学习的问题。记忆测评成绩和作业或报告成绩可以占学期成绩的60%，期末试卷成绩占40%，这样可以避免学生平时不学，突击期末考试的弊端。

在记忆测评方法应用的过程中出现的主要问题是测评内容的难易程度不好把握，教师不仅要熟悉教材内容，更要了解学生的真实水平，以及学习习惯和层次差异，有时甚至需要为优等生和差生分别设计测评内容。大学阶段英语的词汇量大，一篇文章可能会有几十个生词在设计记忆测评单词表时不能兼顾所有的单词，需要教师将词汇分类，并适当讲解构词法，通过去掉前后缀重点记忆词根的方法，减少生词数量来降低词汇测评的难度。在使用反应时间法对学生的听、说能力进行测评时，成绩两极分化现象比较突出，需要教师进一步优化测评方法，多为差生创造表现自己、提高水平的机会。

高校英语教学效果的提升不仅依靠教师的精讲和学生的勤学，还需要一套完整的、适合的测评方法将结果性教学模式转化为过程性教学模式，突出平时学习的重要性，让学生重视每一堂课的学习效果，实时了解自己的学习情况，准确、牢固地记忆所学的词汇、句型、表达方式等语言点，并通过记忆测评方法知道自己知识点的输出质量。成绩优秀的学生会获得自信心、满足感和成就感；成绩稍差的学生会及时修正自己的学习态度，加强自律管理。记忆测评成绩既可以成为学生学习的一种鞭策，又可以成为教师了解学生学习效果的一面镜子。正确使用记忆测评方法不仅是提高高职英语课堂实效性的一种有效途径，也是促进高校英语教育改革的一种新的尝试。

第四节　基于移动终端的英语混合式学习方法

英语作为国际语言,已成为高校生必须学习的一门重要学科。高校英语的教学目标:培养高校生的英语综合应变能力,尤其是听、说、读、写能力。近些年,我国高校的高校英语课程的教学模式,逐渐由传统的"以教师为主体"向"以学生为中心"转变,同时也在积极探索更好的教学模式。基于移动终端的高校生英语混合式学习方法受到了学界广泛的讨论和研究。因此,如何通过移动终端构建符合高校英语混合式学习要求的教学模式,成了教学革新的一项重要任务。

在 20 世纪 90 年代,移动学习的概念第一次出现,并且随着移动信息技术的不断进步,国内外的电子信息研究专家给予了移动语言学习一定的解释。其中,移动语言学习是指学生可以在任何时间、任何地点都通过移动设备进行细致学习的一种学习方式,移动终端必须向学生提供全面的学习内容,并建立学生与教师交流的桥梁。

移动语言学习可以是辅助学习,也可以是正规、完整的学习,有一定的移动性、便捷性、可控性、个性化等特点。移动语言学习可以给学生带来一种全新的学习体验,始终把学生作为学习的主体,这样可以极大地激发学生的学习兴趣和学习积极性,从而提高其学习效率和质量。同时,教师可以通过移动语言学习设备与学生实时地进行互动,拉近彼此之间的距离。教师还可以通过移动学习终端有效地连接课堂学习与课外学习,这有利于学生英语学习的进步。此外,运用移动技术辅助英语听、说、读、写教学可以激发学生的学习兴趣,促进学生听、说、读、写的学习。

混合式学习的研究开展得比较早,国外很多专家都认同"混合式学习是以实现特定的教学目标为目的,运用学校现有的网络技术,把多种教学方式和教学技术结合或者混合起来,实现最理想教学效果的学习模式"。我国著名的教育技术专家何克抗先生认为,混合式教学模式是指把传统的学习方法与移动学习结合起来,不仅能发挥教师的引导优势,还能发挥学生学习的主体性、积极性和创造性。而国际教育界最终达成的共识是把二者有机地结合在一起,互相补充、互相协调,达到更好的学习效果。混合式学习方法是指把原来分散的教学要素重新有机地结合在一起,进行优化的选择及按照现有的需求进行合理组合,从而实现教学目标。

基于移动终端的高校英语混合式学习方法是以国内外教育技术研究专家的研究理论为基础,研究如何把智能手机、平板电脑、手提电脑等移动终端,以及一些学习软件与高校课堂学习结合起来，整合成一种混合式的移动英语学习模式，为听、说、读、写英语课程教学开辟一条全新的途径。

一、移动学习与传统学习方法混合

学生学习方法的混合。高校生在高校上课时，仍然按照传统的学习方法进行学习，教师在课堂上仍然按照课本教材并配合多媒体进行教学；而在课后，学生可以转换学习方式，如利用智能手机、平板电脑等移动终端进行随时随地的学习。此外，在高校英语课堂上，学生遇到不认识的单词或者短语，可以利用移动终端上的英语词典 App 进行查询，这可以极大地提高课堂学习效率，通过网络下载有关课程的相关 PPT 和资料，在课前进行预习；也可以下载英语听力资料进行自主练习；还可以通过一些社交软件与同学、教师交流问题，提高学习效率。

二、翻转课堂与传统课堂混合

教师教学方法的混合。翻转课堂与传统课堂不同，最初是指学生在家中通过网络观看线上的教学视频来进行学习，代替在学校课堂的学习，并把在学校课堂的时间用来与同学和教师进行讨论，以查缺补漏。当前翻转课堂已经在某些高校英语教学中进行试点，很多教育研究者都关注到翻转课堂的构建。

从近些年翻转课堂在高校运用的实际成果来看，其并不适用于目前我国高校的英语课程教学。当前大部分高校都采用了英语合班教学模式来减轻教师的负担，而且对计算机的使用的管理也十分严格，在一定程度上限制了学生进行翻转课堂的学习。此外，很多专业的学生每天的作业负担也比较重，这些问题都成了高校推行翻转课堂构建的阻碍。而英语混合式教学模式可以结合翻转课堂与传统课堂的优点，即教师在某些特定的单元或者在讲解某些知识点时，可以采用与教学内容更匹配的教学课堂模式，以实现更好的教学效果。例如，学生对学习到的某些单元的知识十分感兴趣，教师就可以采用翻转课堂的教学方法，把知识点练习整合成一个文件发给学生，让学生在课下完成练习和复习，从而将传统课堂的时间用于对重点和难点问题的讨论。如果学生对学习到的课程单元主题比较陌生或者缺乏学习兴趣，教师就可以采用传统的课堂教学法进行教学，学生在教师的指导下，在课堂上直接练习英语的听、说、读、写能力，效率会更高。

三、自主与合作学习相混合

学生学习方法与教师教学方法的混合。混合式学习方法是指将各种有效的学习方法有机结合在一起，如结合多媒体教学与粉笔、黑板的传统教学方式，结合自主学习与协同学习方式。基于移动终端的混合式教学模式可以把自主学习与合作学习紧密结合到一起。"学生通过移动终端可以独立完成学习任务，同时，也可以借助移动终端与同学、教师一起沟通，协作完成学习任务"[1]。教师也可以通过翻转课堂的教学方法，把独立学习与协作学习有机结合在一起，这能够调动每个学生学习的积极性，极大地提高学生的学习效率。例如，教师在讲解发音技巧及引导学生练习发音时可以采用翻转课堂的教学方式，对班里的学生进行两两分组，组织他们在手机上下载相应的英语发音练习 App，观看上面的教学视频，看完后完成之后的随堂练习。小组内的学生在完成后可以互相听一下对方的发音，互相参考一下练习的得分情况，也可以整合自身所存在的问题一起汇报给教师，提高学习英语发音的兴趣。

基于移动终端的混合式英语学习方法，结合了传统的以教师为中心的英语学习方法，与适合当代高校生的以学生为中心的英语学习方法，二者相辅相成，不但发挥了教师的监督和指导职能，还可以发挥学生的主观能动性，调动起学生的学习兴趣，提高学生的学习效率。因此，对我国高校英语教学模式进行创新性探索是一次有益的尝试。

---

[1] 杨庆云. 基于移动终端的大学英语混合式学习方法分析 [J]. 教师，2020（14）：34.

参考文献

[1] 吴晓. 基于移动终端的大学英语混合式教学研究 [J]. 科学大众·科学教育，2020（2）：174.

[2] 彭芳. 基于移动终端的大学英语课内外交互式学习路径研究 [J]. 黑龙江教师发展学院学报，2020，39（1）：154.

[3] 朱文珺，卞赛赛. 基于移动学习的大学英语教学改革研究 [J]. 海外英语，2019（14）：135.

[4] 李斑斑. 新中国成立70年来高校英语教育发展及研究的回顾与分析 [J]. 河北师范高校学报：教育科学版，2019，21（3）：9.

[5] 柴改英. 慕课之于外语教育场域的思考——惯习冲击、协作创新、价值共建 [J]. 外语电化教学，2014（3）：6.

[6] 贺斌. 智慧学习：内涵、演进与趋向——学生的视角 [J]. 电化教育研究，2013，34（11）：11.

[7] 祝智庭，彭红超. 智慧学习生态：培育智慧人才的系统方法论 [J]. 电化教育研究，2017，38（4）：5-14，29.

[8] 杨现民，张昊，郭利明，等. 教育人工智能的发展难题与突破路径 [J]. 现代远程教育研究，2018（3）：30-38.

[9] 徐坤银. 大学英语口语智慧学习范式构建研究——以FiF口语训练平台为例 [J]. 科技视界，2020（35）：93.

[10] 张春兴. 现代心理学：现代人研究自身问题的科学[M]. 4版. 上海：上海人民出版社，2016.

[11] 李妍. 大学英语教学改革与以学科内容为依托的语言学习模式 [J]. 科教文汇，2017（25）：175.

[12] 陈芷欣，李阅，黄泳. 基于叙事法学习高校英语词汇的实践 [J]. 英语广场，2021（35）：52.

[13] 贺翠玉. 大学英语学习效果记忆测评方法的设计及应用探讨 [J]. 海外英语，2021（16）：108.-109

[14] 郭丹，张白玉，贺毅夫."具身认知"指导下的高职英语有效教学活动设计原则研究[J].海外英语，2020（12）：241.

[15] 杨庆云.基于移动终端的大学英语混合式学习方法分析[J].教师，2020（14）：33.

[16] 李少丽.浅谈中国传统学习方法对大学英语教学启示[J].高教学刊，2020（02）：111.

[17] 黄天恺.移动互联网时代大学英语学习方法探讨[J].校园英语，2019（48）：42.

[18] 刘梅，彭慧，仝丹.多元文化理念与英语教学研究[M].延吉：延边大学出版社，2018.

[19] 于辉.当代高校英语教学改革多元化趋势研究[M].长春：吉林大学出版社，2018.

[20] 周晓娴.多元化文化理念与当代英语教学策略研究[M].天津：天津科学技术出版社，2017.

[21] 蔡基刚.大学英语教学若干问题思考[J].外语教学与研究，2014，37（2）：83.

[22] 陈红.中国大学英语教学发展研究[J].外语与外语教学，2008（10）：4.

[23] 陈静.微课在大学英语茶文化读写教学中的运用研究[J].福建茶叶，2021，43（4）：112-114.

[24] 陈蔚，杨跃.大数据环境下大学英语教育生态环境构建研究[J].北方民族高校学报（哲学社会科学版），2019（2）：167-171.

[25] 崔艳辉，王轶.翻转课堂及其在高校英语教学中的应用[J].中国电化教育，2014（11）：116.

[26] 戴俊霞.多元化：大学英语教学的新范式[J].中国高教研究，2006（8）：78.

[27] 杜茜.研究性学习在大学英语教学中的应用[J].中国成人教育，2007（8）：184.

[28] 郭坤，田成泉.大学英语生态教学环境的优化[J].教育理论与实践，2016.

[29] 郭坤.信息技术与高校英语教学的生态整合[J].现代教育技术，2016，26（10）：6.

[30] 郭敏.自媒体时代高校大学英语教学生态化研究[J].黑龙江高教研究，2017（11）：3.

[31] 果笑非.基于信息技术的大学英语动态分层教学模式研究[J].外语电化教学，2013（6）：71-75.

[32] 何鹃.慕课背景下大学英语教学的反思[J].广西社会科学，2017（1）：218.

[33] 胡杰辉，伍忠杰.基于慕课的大学英语翻转课堂教学模式研究[J].外语电化教学，

2014（6）：40.

[34] 黄一平. 信息技术与大学英语教学的有效整合路径 [J]. 教育信息化论坛，2021，（7）：10.

[35] 姜凤春，司炳月. 信息技术驱动下大学英语教师自主教学能力多维度研究 [J]. 外语研究，2017，34（6）：53-59，112.

[37] 梁文. 微课环境在大学英语教学中的应用与思考 [J]. 黑龙江高教研究，2016（2）：162.

[38] 刘信波. 论大学英语课堂整体教学模式的建构——一个教育生态学的视角 [J]. 湖南师范高校教育科学学报，2014，13（3）：122.

[39] 卢海燕. 基于微课的"翻转课堂"模式在高校英语教学中应用的可行性分析 [J]. 外语电化教学，2014（4）：33.

[40] 马茂祥，胡艳玲. 论大学英语教学的理论自觉 [J]. 学术界，2010（6）：140-146，271.

[41] 梅翠平. 生态化教育环境下大学英语教师身份的建构 [J]. 外国语文，2020，36（4）：137.

[42] 任杨，何高大. 教育信息技术下高校英语教学有效性研究的思考 [J]. 现代远距离教育，2014（3）：49.

[43] 孙润. 基于慕课的翻转课堂教学策略探究——以大学英语读写课为例 [J]. 福建茶叶，2019，41（8）：196.

[44] 王勃然，赵雯. 生态语言学视域下的高校英语在线开放课程教学生态建构 [J]. 外国语文，2020，36（6）：134.

[45] 王凤. 谈大学英语写作教学 [J]. 教育探索，2006（2）：2.

[46] 王凤. 微课在大学英语教学中的应用研究 [J]. 教育理论与实践，2016，36（27）：47.

[47] 王和峰. 以茶文化为例在大学英语文化教学中进行"翻转课堂"实践 [J]. 福建茶叶，2018，40（4）：189.

[48] 王素敏. 基于任务的大学英语翻转课堂教学模式研究 [J]. 现代教育技术，2016，26（9）：73.

[49] 王雁冰. 高校大学英语微课教学中存在的问题与对策研究 [J]. 高教学刊，2018（24）：130.

[50] 杨永兵. 地方升本院校商务英语专业"双师型"师资队伍的建设 [J]. 吉林省教育

学院学报（上旬），2015（5）：58.

[51] 林琴琼.大数据时代的大学英语教学课堂要素[J].科教导刊：电子版，2018（25）：2.

[52] 靳昭华,王立军.输出驱动理论在大学听力教学中的应用[J].中国市场,2015(28):2.

[53] 金靓.大学英语听力教学策略探析[J].学园，2010（3）：2.

[54] 吕文丽,庞志芬,赵欣敏.信息化时代下的大学英语教学改革探索[M].长春：吉林高校出版社，2019.